누구를 위해 투표할 것인가

누구를 위해 투표할 것인가

발행일   2024년 1월 2일

지은이   이미영
펴낸이   손형국
펴낸곳   (주)북랩
편집인   선일영   편집   김은수, 배진용, 김부경, 김다빈
디자인   이현수, 김민하, 임진형, 안유경   제작   박기성, 구성우, 이창영, 배상진
마케팅   김회란, 박진관
출판등록 2004. 12. 1(제2012-000051호)
주소   서울특별시 금천구 가산디지털 1로 168, 우림라이온스밸리 B동 B113~114호, C동 B101호
홈페이지 www.book.co.kr
전화번호 (02)2026-5777   팩스   (02)3159-9637

ISBN   979-11-93716-24-3 03330 (종이책)   979-11-93716-25-0 05330 (전자책)

(주)북랩 성공출판의 파트너

북랩 홈페이지와 패밀리 사이트에서 다양한 출판 솔루션을 만나 보세요!

홈페이지 book.co.kr   •   **블로그** blog.naver.com/essaybook   •   **출판문의** book@book.co.kr

작가 연락처 문의 ▸ ask.book.co.kr

작가 연락처는 개인정보이므로 북랩에서 알려드릴 수 없습니다.

울산 똑순이,
이미영의 똑부러지는 질문

누구를 위해 투표할 것인가

이미영 지음

당신의 삶을 개선하고 더 나은 세상을 만들려면
능력과 도덕성, 실천력을 갖춘 삼위일체 후보자를 선택하라!

 북랩

고대 그리스에서 평지가 적고 산으로 둘러싸인 요충지마다 '폴리스'
라는 공동체 국가가 생겨났다. 중앙에는 시민들이 물건을 사고팔 수
있는 '아고라'라고 불리는 광장이 형성됐고 사람의 왕래가 잦아지자
시민들은 서로 모여 토론하며 철학이 발달하기 시작했다. 그중 하나
인 아테네는 위치적 이점을 살려 무역으로 많은 부를 쌓았고 이 부는
귀족만이 아닌 시민에게도 돌아갔다. 점차 부유해진 시민들은 귀족
의 전유물이었던 정치적인 영향력에도 눈을 돌리기 시작했다. 여기에
더해 빈부의 격차 등 계층 간의 갈등 문제도 대두되며 사회가 점점
불안해지자 지배층은 이를 해결하기 위해 법을 만들고 시민에게 투표
권을 부여해 권력을 나누며 불만을 달랬다. 시민들이 투표로 공무담
임권을 결정할 수 있는 민주주의(Δημοκρατία-Demokratia-데모크라티
아)라 할 수 있는 제도가 생겨난 게 지금부터 2,600년쯤 전의 일이라
는 것이 놀랍기만 하다.

그러나 이 제도는 곧 중우정치라는 늪에 빠지게 된다. 대중의 인기가 곧 권력임을 깨달은 사람들이 나타나면서, 민주제는 인기를 얻어 권력을 손에 넣은 후 권력을 놓지 않기 위해 제도를 무력화하려는 사람과의 끝없는 싸움이 시작되었다. 아테네 민주주의의 아버지라 할 수 있는 페리클레스도 자신의 인기를 등에 업고 도편추방제를 이용해 정적을 교묘히 추방하는 방식으로 권력을 유지했으며, 로마의 공화제 역시 율리우스 카이사르가 실질적 황제의 자리에 추대받으며 막을 내렸다. 프랑스 혁명 이후 생겨난 공화정도 나폴레옹이 국민 투표로 황제에 올라 수년간의 짧은 역사를 마감한다.

우리 대한민국도 광복 이후 대의제 민주주의를 채택하고 헌법과 법률에 따라 강력한 구속력으로 권력을 행사하며 통치하는 모습으로 시작했다. 하지만 북한의 김일성과 남한의 이승만, 박정희, 전두환으로 이어지는 권력자들이 보여온 모습은 위의 행태와 놀라울 만큼 유사하다. 다행히 우리는 왕이라도 잘못했다면 꾸짖을 줄 알았던 국민성이, 독재가 시도될 때마다 피까지 흘려가며 하나하나 걸러내고 현재의 모습이 되었지만, 불행하게도 이런 자정작용을 실패한 북한은 겉으로는 공화국이지만 김일성 일가가 권력을 세습하는 왕조나 다름없는 나라가 되었다.

이렇게 결점이 많아 보이는 민주주의 제도가 아직 살아 있고 어떤 나라에서는 사람들의 피까지 흘려가며 이 제도를 수호하거나 얻어내

려고 노력하는 이유가 무엇일까? 아마도 현재까지 존재한 다른 정치 제도와 비교했을 때 가장 많은 사람에게 옳다고 공감받아 온 인류의 위대한 철학의 산물이라서가 아닐까?

이 책은 어떤 정치적 판단을 내린 사람을 조사해 그 판단을 내렸던 이유와 과정을 설명하고 있다. 유권자가 투표하기 위해 후보를 고르는 과정에서의 심리적 고민과 여러 가지 요인 등을 분석해 정치에 대한 각자의 인식을 확인하고 정치인에 대한 개념과 연계하여 실제 투표 시 지지 후보에 관한 결정요소를 여러모로 점검하여 후보 선택에 영향을 미친 부분을 설명해 보았다. 올바른 대한민국의 변화를 만들어 가는 데 필요한 일꾼이 많아지길 바라면서 우리가 앞으로 나아가야 할 방향을 모색하는 데 참조할 만한 자료가 되었으면 좋겠다.

차례

제1장

투표는 어떻게 하게 되었을까?

제2장

정치와 정치인에 대한 인식

제3장

유권자가 지지 후보를 선택하는 과정

제4장

선거 전후 유권자의 지지도 변화

제5장

결론

부록 – 이미영의 외침

제1장

투표는 어떻게 하게 되었을까?

우리가 지금 형태의 투표권을 얻은 배경

'우리가 직접 대통령을 투표로 선택하기까지 정말 많은 희생이
있었다.'

광복 이후 피폐해지고 혼란스러운 나라를 새로 세우기 위해 법치
주의의 토대가 되는 헌법이 필요했다. 헌법을 만들기 위해 모두가 모
여 토의하면 좋겠지만 현실적으로 무리이기 때문에 우리를 대표해 법
을 제정할 사람을 선택할 필요가 있었고, 1948년 최초의 선거이자 국
회의원을 뽑는 선거를 치렀다. 이때 당선된 의원들이 헌법을 만들고
또 대통령도 선출했다. 간접선거로 대통령으로 선출된 이승만은 자신
의 연임 가능성이 희박해지자 대통령 선거를 직접선거로 바꾼다. 여
는 말에서도 이야기했지만, 민주주의는 제도를 이용해 제도를 무력화
하려는 사람의 끝없는 도전을 받는다. 이승만뿐 아니라 뒤이어 정권
을 잡은 박정희, 전두환이 자신이 유리한 대로 법과 선거제도를 바꾸

는 행태가 계속되자 국민은 이를 저지하기 위해 2·28 학생민주의거, 5·18 광주민주화운동, 6·10 민주항쟁 등 많은 피를 흘려가며 불의에 맞서 현재 우리가 시행하고 있는 대통령직선제를 얻어내었다. 우리가 숨 쉬듯 당연하게 여기는 우리의 한 표는 우리의 아버지, 어머니, 할머니, 할아버지가 피를 흘리며 싸워서 얻어낸 값진 권리다.

정치인은 투표하는 사람만을 두려워한다

'정치인은 투표하는 사람만을 두려워한다.'

어떤 사람은 마음에 드는 사람이 없어서, 다 똑같은 사람들 같아서, 달라질 거 같지 않아서, 투표보다는 여가를 즐기는 게 더 이익이라서 등등 여러 이유를 들어 선거 날 투표를 하지 않는 선택을 한다. 물론 선거에 나오는 많은 후보가 선거 전과 후의 태도가 달라지는 경우가 많다. 선거 전에는 굽신대며 목이 터져라 자신을 선택해 준다면 국민의 일꾼으로 죽을힘을 다해 일하겠노라고 말하지만 선거가 끝나고 나면 언제 그랬냐는 듯이 국민 위에 군림하고 또 업신여기기까지 하는 모습을 수없이 봤을 것이다. 이런 사람들은 대부분 손에 넣은 권력을 자신의 사리사욕을 위해 사용하고, 계속 내버려두면 온몸에 퍼지는 암세포같이 우리만이 아닌 우리 아이들의 권리와 미래까지 잡아먹으며 되돌리기엔 너무 혹독한 대가를 요구하거나 혹은 돌이킬 수 없는 상황까지 간다.

투표로 막을 수 있다. 우리가 진정으로 원하는 것이 무엇인지를 우리를 대표하려는 자들에게 알리며 수준 미달의 후보를 걸러낸다면 탐욕스러운 정치인은 발을 붙일 수 없다. 그러기 위해선 후보자의 가치를 학연, 지연, 외모, 소속 정당 등 겉으로 보이는 모습으로만 판단하지 말고 진지하게 그 후보자가 살아온 궤적이나 업적 등을 살피며 공무에 적합한지 고민하고 판단하여 소중한 한 표를 행사할 줄 아는 안목과 실천력을 키워야 한다.

투표를 포기하는 사람은 자신의 미래를 다른 사람이 결정해 주는 대로 살겠다는 이야기나 다를 바 없다. 내가 투표하면 나의 미래뿐 아니라 아이들의 미래도 바꿀 가능성이 생긴다. 불확실한 미래보다 내가 관여할 수 있는 미래가 더 낫지 않은가?

정치적 효능감과 정치적 관심

'정치적 효능감이란 나의 의견이 정당 혹은 정치인의 정책에 직접 영향을 끼치는 정도를 표현하는 복합적인 말이다.'

학자들은 민주주의 제도에서 정치 심리적으로 정치적 불신이 팽배하고 정치적 효능감이 낮은 상태가 투표에 참여하지 않게 하는 가장 큰 원인이 된다고 분석한다. 즉 투표율이 낮다는 것은 정치적 효능감이 낮기 때문이라고 할 수 있다. 달리 말하면 정치적 효능감이 높을수록 투표를 비롯한 다른 정치 활동에 참여할 확률이 높다는 이야기다. 또 투표 행위를 결정하는 중요한 요인 중 하나가 정치에 대한 관심이라고 말한다. 정치에 관해서 관심이 있고 정치가 우리들의 생활에 미치는 영향에 대해서 의식하고 있는 사람의 경우 일반적으로 정치에 적극적으로 참여하고 투표에도 참여한다. 다시 말해 정치적 관심도는 정치 행위를 결정하는 중요한 변수가 된다.

여성 유권자의 정치적 부상

'여성 유권자의 정치적 무관심은 정치에 관심이 없어서라기보다
는 한국 사회의 역사적·구조적 특수성에 기인하였다.'

1954년 해방 이후 도입된 서구의 민주주의 이념에 따라 제정된 헌
법에 의해 여성의 참정권이 자동으로 보장되었지만, 남자와 여자의 참
정권은 서로 다른 의미가 있을 수밖에 없었다. 유교에 기반한 가부장
적 문화가 주류였던 한국 사회에서 남성은 자신의 투표권을 스스로
결정하고 행사할 수 있는 경험과 구조적 자율성을 갖고 있었지만, 대
다수 여성은 사회와 경제 활동에 참여한 경험이 거의 없었고, 가정의
살림과 자녀 양육에만 초점을 맞춰 사회 현상에 대한 이해도가 상대
적으로 부족할 수밖에 없는 환경이었기 때문이다. 이 현상은 군사정
권이 몰락하고 본격적으로 여성이 사회에 진출하는 1980년대까지 지
속되었다.

누구를 위해 투표할 것인가

민주화와 지방자치제도의 부활은 그동안 정치의 주변인으로 머물러 있었던 여성을 새로운 정치적 주체로 인식시키는 계기가 되었으며 여성들 스스로 후보가 되거나 여성의 적극적인 정치, 사회, 경제 참여를 위하여 정책과 제도개선을 할 수 있는 방향으로 투표권을 행사하는 사회 다양성의 토대가 되었다.

설문 결과의 분석은 이렇게

'2014년 울산의 선거에서 당선된 84%의 당선인은 새누리당이었다. 2017년 대선과 2018년 지방선거는 더불어민주당의 압승이었다.'

짧은 시간 동안 왜 이런 일이 벌어졌는지 유권자들의 정치 심리적 변수를 중심으로 기본적인 개인 가치가 정치적 태도를 통해 정치적 판단으로 이어지는 과정들을 확인하고 선거에 어떤 영향을 주는지를 살펴보기 위해 울산지역의 남녀 각 100명씩 총 200명을 무작위로 모집하여 직접 대면해 설문하며 표본을 구성했다. 여러 가지 질문에서 중복을 허용한 몇 가지 항목을 제외하면 모두 단답형으로 진행하였으며 결과는 남자와 여자, 그리고 연령대별로 나누어 정리하며 분석하였다.

해석 과정에서 유권자의 후보 결정에 가장 영향을 준 요인에 대한 원인을 추측하고 그 특징은 무엇에 기인한 것이며 특히, 후보자에 대한 세부적인 지지 사유와 선거 전후의 지지에 대한 심리적 변화 요인을 바탕으로 유권자들의 정치적 태도에 대한 결론을 내리고자 한다.

제2장

정치와 정치인에 대한
인식

바뀌는 선거 패러다임

'유권자의 정치적인 판단은 겪고 있는 사회의 부족함을 보충하는 방향으로 표출된다.'

설문 조사가 뜰 때마다 깜짝깜짝 놀란다. 유권자들이 생각하는 정치와 정치인에 대한 인식(패러다임)이 급격하게 변화하고 있다. 한때는 도덕성이 최고의 가치였지만 어느 순간 능력이 최고의 가치로 바뀌는 등 전문가들은 이미 수년 전부터 빠르게 변화하는 유권자의 정치 인식을 기존 정치에 대한 반감 요소, 젊은 층의 높아진 정치 참여 의식, SNS의 막강한 영향력 등에 있다고 판단하고 이를 예측하기 위해 노력하고 또 살펴보고 있다. 하지만 아무리 인식이 변화한들 유권자들이 후보를 검증하고, 지지자를 결정하고, 소중한 한 표를 행사하는 기본적인 과정만큼은 절대 변하지 않는다. 후보자는 정치적 성향과 과거 활동, 선거공약은 물론, 얼마나 청렴하고 결백한지까지 모두 유권자의 검증 대상이 된다. 깨끗한 이미지를 가진 후보도 이런 검증 과정에 부적격 판정을 받고 후보직에서 사퇴하거나 선택을 받지 못하는 예도 있다. '선거란 누구를 뽑기 위해서가 아니라, 누군가를 뽑지 않기 위해 투표하는 것'이라는 말은 이런 선거의 과정을 단적으로 잘 요약한 말이다.

시장조사 전문기관 엠브레인 트렌드모니터(trendmonitor.co.kr)가 기획, 엠브레인 이지 서베이(ezsurvey.co.kr)가 진행하여, 전국 성인남녀 1,000명을 대상으로 선거 및 유권자 관련 인식 조사를 한 자료를 보면, 선거기간 동안 후보 정치인에게 가장 관심을 두게 되는 요인은 후보의 과거 경력 및 해온 일(85.8%)과 선거공약 내용(80.7%)이었다. 또한, 후보의 정치세력(57%)에 대해서도 많은 관심을 가졌으며, 10명 중 2명 정도는 후보의 재산축적 과정도 자세히 지켜보는 것으로 나타났다. 또한, 후보의 과거 경력 및 해온 일(26.8%)과 선거공약 내용(21.2%)도 유권자에게 큰 영향을 미치고 있었다. 그러나 실제 선거에서는 여전히 소속 정당 등 후보의 정치세력(33.9%)이 유권자에게 직접 영향을 미쳤으며, 이는 특정 정당에 대한 지지가 그 정당 소속 후보까지 검증 없이 이어졌음을 알 수 있다. 유권자들이 후보의 정치세력을 중요하게 여기는 이유는 정치 신념과 이념을 알 수 있기 때문(64.1%)과 어느 정도의 정치적 힘을 가졌기 때문(64%)이었다. 반면 후보의 선거공약이 큰 영향을 미친다고 밝힌 유권자들은 정치 신념과 이념(55.6%)을 통해 실행력과 실천력을 알 수 있고(45.1%), 후보자들을 보다 객관적으로 살펴볼 수 있는 기준(44.6%)이 된다는 이유를 들었다. 후보의 경력 및 해온 일이 큰 영향을 미치는 이유에 대해서는 대다수(83.6%)가 과거에 어떤 일을 해왔는지를 보면서 후보자가 앞으로 어떻게 공무를 수행할 수 있을지 추측할 수 있기 때문이라고 응답했다.

선거에서 유권자에게 영향을 덜 미치는 요인으로는 후보의 옷차림새(55.8%)가 꼽혔다. 또한 외모(49.2%)와 선거 운동 기간 의례적으로 방문하는 곳(38.9%)도 크게 중요하지 않다고 보고 있다. 정치인들의 이미지만을 내세운 활동에 대한 거부감이 어느 정도 있기 때문일 것이다. 그러나 유권자의 전반적인 인식 속에는 외형적인 이미지가 매우 중요하게 작용하고 있는 모순적 상황이 있었다. 응답자의 64.3%가 정치인의 이미지가 좋다는 이유만으로 투표하는 경향이 있다고 응답한 것이다. 또한, 2명 중 1명은 정치인의 좋은 외모가 지지자들을 모으는 데 효과가 있다고 답했다. 따라서 여전히 외적 이미지도 후보자를 평가하는 데 있어 상당한 영향을 끼치는 것을 알 수 있다. 반면 유권자들이 투표할 때 정치인들의 정책과 실행 가능성 등을 꼼꼼하게 따져서 투표하는 것 같다고 생각하는 의견은 53%로 그리 높지 않았다. 특히 남성이 후보자를 덜 따져보고 투표한다(46%)는 인식이 강했다.

패널(panel.co.kr)이 한 조사에서 설문에 참여한 사람들은 선출직 공무원이 대한민국에 경제에 미치는 영향력이 62.1%로 높다고 평가하였다. 국가와 각 시도군, 지방정부의 행정 살림과 관련한 정책을 입안하고 결정하는 만큼 그들의 생각과 말, 행동들이 국가 경제에 큰 영향을 미친다고 생각하는 것이다. 반면 유권자의 일상적 소비생활에 미치는 영향력(34.4%)과 자산 증가에 미치는 영향력(27.3%)은 낮은 수준으로 바라보았다. 한편 최근 늘어나는 정치인들의 투자 행위에 관해서는 다소 의견이 엇갈린 가운데 부정적인 인식이 다소 많았다. 정치인이 투자해서 큰 수익을 본 것은 투자의 내용과 관계없이 도덕적으로 비난받을 만한 일이라는데 43.2%가 동의해서, 비동의 의견(23.5%)보다 많은 것으로 나왔다. 정치인이 다루는 국정 사업의 개발계획만 봐도 일반인들보다 정보를 쉽게 알 수 있으므로 악용될 소지가 있다고 보는 것이다. 또한, 응답자의 45.1%의 사람들이 정치인들은 비영리적인 활동만을 해야 한다고 보는 시각이, 그렇게 생각하지 않는 의견(21%)보다 많았다.

18대 대통령 선거를 앞두고 DMC미디어팀에서 만 19세 이상의 유권자를 대상으로 조사한 자료를 참고해 보면 많은 수의 유권자는 우리나라의 정치 상황과 정치인에 대해 부정적으로 인식하고 있었다. 10명 중 8명이 정치인들은 특권과 자리에만 관심이 있는 것 같다고 응답했으며, 정치인이 국민의 의견이나 생각에 관심을 기울이기보다는 당선 자체에만 관심이 있다고 생각하고 있다. 상당한 수의 유권자는 국회의원을 선출하는 총선보다 국가의 수장을 선출하는 대통령 선거에 더 많은 책임과 비중을 두고 있었다. 이념성향별 분석에서는 진보성향의 유권자에 비해 보수성향의 유권자가 정치, 선거 정보에 관심이 더 많았으며, 연령대별 분석에서는 40대 이상의 유권자들이 상대적으로 젊은 20대 유권자보다 정치 및 선거에 대한 관심도가 높은 것으로 나타났다. 그리고 남성보다 여성이 정치에 관한 관심은 더 높은 것으로 나왔지만, 선거 정보 등의 '정치적 지식'에 관한 관심은 현저히 낮은 것으로 분석되었다. 이는 나이별 분석과 비교해봤을 때 여성이 후보자를 평가하고 선택하는 데 정치적 지식 외의 다른 요소를 조금 더 중요하게 생각한다는 주장이 타당해 보인다. 20대는 타 연령층보다 정치에 관한 관심이 적었으며, 그에 비례해 정치적 지식에 대한 관심도 낮았다. 반면 여성은 정치에 대한 관심은 남성보다 높았지만, 오히려 정치적 지식에 대한 관심은 적었기 때문이다. 또 사람들은 실제 투표를 하겠다는 유권자의 다수가 정치나 정당에 대한 관심도보다 유권자 개개인에게 주어진 권리를 찾기 위해 투표한다고 이야기한다. 이때는 박근혜-최순실의 국정농단 사태가 일어나기 전이었음에도 응답 항목의 2위(투표해야 세상이 달라지기 때문)와 3위(합법적으로 세상을 바꿀 수 있는 유일한 수단) 항목에서 나타난 유권자가 변화를 원하는 모습을 보면 당시 우리 사회에 무언가 문제가 있다고 느끼고 있는 사람이 많았다는 간접증거가 될 수 있다.

DMC미디어팀의 설문 결과를 정리해보면 당시 국정 혼란이 발생하기 전임에도 불구하고 유권자들이 자신의 이익을 대변해 줄 수 있는 정당이나 정치인을 뽑기 위해 투표하겠다는 물질 중심적 심리보다, 민주시민으로 당연한 권리이기에, 투표해야 세상이 달라지기 때문에 같은 사회 정의를 찾는 가치 중심적 항목들이 상위에 올라왔을 정도로, 당시 유권자가 느낀 사회상이 무언가 문제가 있었다는 것을 추측할 수 있다. 따라서 유권자의 정치적인 판단은 현재 겪고 있는 사회의 부족한 점을 보충하고자 하는 방향으로 표출되고, 그 판단을 내리는 데 영향을 끼치는 원인이 되는 사회상은, 그 자체에 정치적인 내용을 직접 담고 있지 않더라도 다른 요인보다 더 정치적일 수 있고, 더 중요한 결정요인일 수 있다.

누구를 위해 투표할 것인가

정치의 의미와 대한민국 정치의 현주소

'"정치란 무엇인가"라는 질문을 받으면 딱 떠오르는 대답이 있을까?'

현대 사전에 나오는 정치는 통치자나 정치가가 사회 구성원들의 다양한 이해관계를 조정하거나 통제하고 국가의 정책과 목적을 실현하는 일이 곧 정치라고 정의한다.

정치(政治) 한자의 의미를 풀어보면 정사 정(政)자에는 바를 정(正)자와 칠 복(攵)자가 합쳐져 바르게 가도록 손에 회초리를 들고 나라를 다스리는 행위를 뜻하고 있고, 다스릴 치(治)자는 물 수(氵)와 옛날 강이름 태(台)가 합쳐져 '강물의 넘침에 의한 피해를 잘 다스리다'라는 의미를 담고 있다. 따라서 정치란 강의 물이 넘치지 않게 바르게 관리하는 것처럼 국민이 안심하고 살 수 있도록 관리하는 것이라고 한자에서 이야기한다.

이처럼 정치는 너무 광범위한 의의를 가지고 있지만, 크게 네 가지로 구분하여 좀 더 세밀하게 그 개념을 정리해보고자 한다.

먼저 통치기술로서의 정치다. 정치를 '집단적 결정을 만들고 강화함으로써 사회 내에서 통제를 행사하는 활동 무대'로 바라보는 견해이다. 정치의 시작점이라 할 수 있는 고대 그리스의 폴리스에서는 각각 자신들의 정부 제도를 두고 있었고, 정치는 '공무를 하는 일'로 이해되었다. 이러한 관점은 정부의 인사와 기구에 초점을 두었고, 이 부분에 대해 미국의 정치학자 데이비드 이스턴(David Easton)은 정치를 '가치의 권위적 배분'으로 정의하며 정치 과정이란 돈을 넣으면 물건이 나오는 자판기처럼 어떤 쟁점 사안에 대해 사회 구성원들이 제기하는 각종 요구와 지지가 투입되고, 이에 대해 정책결정자가 하나의 정책을 만들어 시행함으로써 산출을 만들어내는 전체 과정이라고 설명한다.

다음으로 공적 업무로서의 정치다. 그리스의 철학자 아리스토텔레스는 "어떤 삶이 좋은 삶, 행복한 삶인가"라는 질문을 던졌고, 이는 정치에서 "'좋은 국가', '좋은 공동체'란 무엇인가"라는 물음으로 이전되었다. 인간은 정치적(사회적) 동물이고 공동체 내에서만 행복한 생활을 영위할 수 있으므로 인간의 활동을 공적 영역과 사적 영역에서 일어나는 것으로 구분하고 정치는 공리주의적인 정의로운 사회를 창조하는 것과 관련된 하나의 윤리적 활동으로 보았다.

세 번째로 타협과 합의로서의 정치다. 이것은 정치가 수행되는 영역보다는 결정이 이루어지는 방법에 집중한다. 서구적 다원주의 모델과 자유주의와 합리적 원칙에 근거하여 정치는 타협을 통해 갈등을 해소하는 하나의 특별한 수단으로 바라본다. 권력을 폭넓게 분산하여 자원이나 재능 등이 특정한 개인이나 집단으로 몰리는 독점을 막고 불평등이 증폭되지 않는 사회를 목표로 한다.

마지막으로 권력으로서의 정치다. 인간의 욕구와 욕망은 무한하지만, 자원이 항상 제한되어 있으므로 정치를 '자원을 둘러싸고 벌어지는 투쟁'으로 간주하고, 권력을 투쟁 수단으로 바라본다. 이들은 정치를 궁극적으로 평등한 사회를 만들어 누구나 자기가 원하는 일을 할 수 있는 자유와 시간이 보장된 사회를 만들기 위한 행위로 본다.

그렇다면 대한민국 정치의 현주소는 어떠할까? 1987년 6·29 민주화선언 이후 독재를 타도하기 위해 노력하던 많은 사람은 민주화가 이뤄지면 모든 게 달라질 것이라는 기대에 부풀어 있었다. 독재를 청산하고 대통령을 직접 선택할 수 있다면 사회는 완벽하게 좋은 방향으로 바뀔 것으로 생각했다. 그러나 시간이 많이 흐른 지금까지도 이뤄지지 않고 있다. 내려놓을 줄 모르는 기득권층에 시달리는 국민의 고통은 날로 심해지고 출생률은 갈수록 낮아지며 대한민국이 소멸 위기에 처했지만 이런 문제점을 해결하고 위로하고 대변해줄 정당 혹은 정치인을 여전히 찾지 못하고 있다. 이는 민주화 이후 자율적인 정당 경쟁이 시작된 뒤에도 양당에서 다당제로 성장하지 못한 세력의 실패로만 치부할 일이 아니다. 고통받는 국민의 요구를 제대로 받아서 개선하지 못하는 대한민국 정당과 정치인 전체의 실패라고 할 수 있다.

유권자가 생각하는 정치인

'정치적 사고에 있어서 개인들이 가지고 있는 기본적인 심리적 특
성들이 때로는 본인이 의식할 수 없는 수준에서 영향을 미친다.'

이스라엘의 사회심리학자 샬롬 H. 슈워츠(Shalom H. Schwartz)는
다양한 문화권에서 대표적 가치들을 측정하는 설문 조사를 통해 수
집한 자료를 구조 분석해 모든 사회에서 개인이 추구하는 가치 차
원들에 관한 이론인 보편적 인간 가치 이론(Theory of Basic Human
Values)을 제시하며 개인적 가치를 안전, 동조, 전통, 박애, 보편주의,
자율, 자극, 쾌락, 성취, 권력의 10가지로 함축하고, 그중에서도 권력
과 성취, 박애, 전통, 동조, 안전이 정치와 정치인을 인식하는 유권자
의 보편적 가치로 크게 영향을 주고 있다고 설명한다.

또 유권자의 정치적 사고와 관련된 기본적인 심리 특성 중에 도덕성

기반 이론도 빠질 수 없다. 미국의 심리학자 조너선 하이트(Jonathan Haidt)는 개인이 도덕적인 판단을 하는데 사용되는 기준을 크게 돌봄-위해(Care-Harm), 공정성-기만(Fairness-Cheating), 충성-배신(Loyalty-Betrayal), 권위-무질서(Authority-Subversion), 정결함-오염(Sanctity-Degradation)의 5가지와 추후 자유-압제(Liberty-Oppression)를 추가한 6가지의 가치를 두고 판단하는 이론에서 사람마다 우선시하는 도덕성 가치 판단의 기준이 다르므로 어느 쪽의 도덕성이 열등하다거나 틀렸다고 말할 수 있는 게 아니라고 이야기한다.

이처럼 많은 연구 속에서 자신이 선호하는 진영과는 관계없이 더 보편적 수준의 심리적 요인들이 정치적인 생각과 행동에 영향을 미칠 수 있음을 보여주고 있기에 정리하자면 정치적 사고에 있어서 개인들이 가지고 있는 기본적인 심리적 특성들이 때로는 본인이 의식할 수 없는 수준에서 영향을 미친다는 것과 이러한 기본적인 심리적 특성들을 고려하지 않고서는 개개인의 정치적 태도와 행동에서 나타나는 차이들을 설명하기 어렵다는 것이다.

또 우리나라는 여타 타국과 비교하면 비교적 민주적인 정치 체제의 역사가 길지 않고 분단국가라는 특수한 상황에 있으므로 정치적 태도에 있어서 세 가지 독특한 특징이 나타난다.

첫째, 구체적인 정치적 사안에 대한 관점에서 보수와 진보 간에 차이가 매우 적다.

둘째, 각 정치적 사안들에 대한 태도의 일관성이 낮다.

셋째, 한국에서만 존재하는 특수한 정치적 태도인 대북관, 즉, 북한에 대한 유화 또는 강경의 입장이 상당히 중요한 요인으로서 작용한다.

먼저 첫 번째와 두 번째의 특징을 학자들은 시대적으로 단기간에 급격히 변화한 현재의 정치 제도에서 유권자들이 스스로 정치적인 경험과 판단, 대립 등을 경험하기에 충분한 시간이 흐르지 않은 민주주의의 과도기적 시기와 맞물려 있다고 말한다. 급작스럽게 민주주의를 얻어낸 많은 나라에 공통으로 나타나고 있는 현상인 것이다. 이로 인해 또 많은 나라가 심하게는 욕심 많은 정치가에 의해 독재로 전향한 경우로 설명할 수 있다고 학자들은 보았다.

세 번째는 우리나라만의 특수성이라 할 수 있는데 다른 어떤 사안에서보다 특히 북한과의 관계에서 유화와 강경 중 어떤 태도를 보일 것이냐의 사안에서 가장 첨예하게 대립한다. 이는 일제 강점기의 친일파가 광복 후 제대로 된 심판을 받지 않고 살아남기 위해 공산당을 배척하는 방법으로 화난 국민의 시선을 돌리고 그대로 기득권을 유지하며 보수라는 정치적 껍질을 뒤집어쓰고 국민을 속이고 있는 이유가 상당한 지분을 차지한다.

이렇게 한국 사회는 특유의 이념적인 특성들이 존재하기 때문에, 위의 외국에서 연구한 심리적 특성들과 정치적 태도, 후보 선택의 관계에 관한 결과들이 한국 상황에 적용될 수 있을지에 대한 검증이 필요하다.

이제 본론으로 들어가서 유권자가 생각하는 정치인을 살펴보자.

정치인에 대한 유권자 인식을 살펴보면 어떤 사람들은 어떤 정치적인 견해를 보기 이전에, 그 사람의 이미지를 본다. 한 예로, 탄핵당한 박근혜 전 대통령과 그 아버지인 박정희 전 대통령은 동일인이 아님에도 박근혜의 행동마다 그의 아버지인 박정희의 이미지를 투영하는 사람들을 볼 수 있다. 또, 노무현과 문재인 두 전 대통령의 삶에 있던 민주화의 발자국을 우리들의 삶에 투영시키며 감동하는 사람을 볼 수 있고, 샐러리맨으로 성공한 이명박 전 대통령 개인의 삶을 자신의 삶에 투영해 이득을 보려는 마음으로 투표장에 향한 유권자들도 있었다.

실제로 대부분의 선거에서 후보자들의 정책 입장에 대한 정보는 대개 파편적이고, 모호하며, 또한 상대적으로 접하기 어렵다. 선거에서 후보자들은 어떤 정책 사안에 대해 자신의 분명한 입장이 있어도 그 반대 뜻을 표방하는 유권자의 지지를 잃지 않기 위해 입장을 명확히 밝히지 않으며, 자신에게 유리한 점만을 중점적으로 부각한다. 그뿐만 아니라 대중매체의 선거 보도는 후보자들의 정책보다는 주로 지지 순위율 경쟁식 보도만을 내보내고 후보자들의 개인적 특성 등에 초점을 맞춘다. 마지막으로 대부분 유권자는 후보자들의 명확한 정책 입장을 알기 위해 애써 노력할 만큼 선거에 관한 관심이 많지 않다. 당장 언론에 많이 노출되는 시장이나 국회의원 정도는 이름을 기억한다고 해도 자기 지역구의 시의원 혹은 구의원 그리고 구청장이 누구인지 말하는 사람은 드물다.

그러나 이러한 불확실성과 모호성에도 불구하고, 적어도 선거일 즈음에는 투표를 결정한 유권자들이 후보자들의 정책 입장에 관해 판단을 내리며 이 판단은 유권자들이 후보자를 선택하는 데에 대한 훌륭한 예측 가능한 변수가 된다. 또한 이 판단은 투표라는 대의 민주주의 제도의 전반과 관련되는 중요한 문제이며, 만일 유권자들이 후보자들의 정책 입장을 완전히 주관적으로 혹은 무작위로 판단하는 것이라면 정말 심각한 문제가 아닐 수 없다.

그렇다면, 앞서 이야기한 제한된 정보와 불확실성 속에서 유권자들은 어떻게 후보자들을 판단하는지 대면 설문에 관한 결과를 분석하며 가정을 세우고 설득력 있는 결론을 도출해 보고자 한다.

울산	남구	동구	울주군	북구	중구	합 (%)
여성	53	7	7	13	20	100 (50%)
남성	44	10	10	13	23	100 (50%)
합	97	17	17	26	43	200 (100%)

설문 조사를 진행하기 위해 〈표 1-1〉에 나와 있는 내용처럼 울산의 남성 100명, 여성 100명으로 이루어진 투표권이 있는 유권자를 지역구, 나이별, 직업, 학력, 정당인, 비정당인 등을 구분하지 않고 모집했으며, 직접 대면해서 면접하며 진행하였다. 설문자 개개인의 정치적 태도 특정을 위해 평소에 생각하는 정치와 정치에 대한 기본적인 인식뿐만 아니라 지지한 후보를 선택하는 과정 및 요소, 선거 후의 지지 변화 등 다각화된 변인 등을 사용하였으며 항목별로 빈도분석을 이용하였다.

내 삶에서 정치는 중요한가?

'젊은 유권자의 정치관은 기존방식의 정치 참여형태를 거부하는 것일지도 모른다.'

설문 조사의 최초로 물어본 건 '내 삶에서 정치는 중요한가'였다.

〈표 1-2〉

정치의 중요도	매우 중요	중요	보통	중요하지 않음	매우 중요하지 않음
여성(명)	47	25	22	2	4
남성(명)	37	32	20	6	5
정치 만족도	매우 만족	만족	보통	불만족	매우 불만족
여성(명)	14	3	34	28	21
남성(명)	8	10	31	32	19
정치인에 대한 인식은	여성	• 정책을 결정하는 사람 - 국민과 함께 희생하는 사람 • 비리의 근원지 - 공직자로 사익을 대놓고 취하는 사람 • 국민 복지향상을 위해 일하는 사람 등			
	남성	• 국민의 대변인 - 사회 문제를 바로 잡는 사람 • 사익을 추구하는 사람 - 세금 도둑 • 아무 도움 없는 사람들 - 남 탓 • 출세 지향적 - 직업			

답변을 정리한 위의 〈표 1-2〉를 참고하면 정치가 삶에 있어 중요하다는 쪽으로 답한 수는 남녀 모두 비슷했지만, 여성 유권자 쪽이 정치의 중요도를 조금 더 높게 인식하고 있으며 남성 유권자의 경우 여성의 6명보다 많은 11명이 정치가 삶에서 중요하지 않다고 답변하였다. 실제 대면 자리에서 남성 유권자들은 투표로 정치를 바꿀 수 있다고 이론을 펼치며 정치 이야기를 주로 많이 하는 등 설문에 응하는 태도에서 매우 적극적이었지만 정작 정치의 중요도가 다소 낮게 집계된 부분은 가치 우선순위를 정치와 상관없이 스스로 성취하는 능력 등에 두었다고 보인다. 특히 다음 자료의 분석 결과로도 나오겠지만 정치의 중요성은 알고 있으나 대한민국 정치의 현 상황에 대한 실망감이나 기타 요소들에 의해 보편적 정치에 대한 불신으로 중요도에 대한 인식이 많이 낮아져 있는 것도 위의 가설을 뒷받침하는 해석이 될 수 있다. 논리를 조금 비약하면 젊은 유권자들의 정치적 관심도가

〈표 1-3〉

여성 유권자	19세~29세	30~39세	40~49세	50~50세	60세 이상
정치의 중요도	보통	중요	매우 중요	매우 중요	보통
정치의 만족도	보통, 불만	보통, 불만	보통, 불만, 매우 불만	불만, 매우 불만	불만
정치인에 대한 인식	법 제정자 민원해결사 시민 대의기관 이익대변자 기타의견 없음	법 제정자 시민 대의 기관	법 제정자 민원해결사 시민 대의 기관 이익대변자 정책결정자 함께 희생하는 사람	법 제정자 민원해결사 시민 대의 기관 이익대변자	이익대변자

누구를 위해 투표할 것인가

낮은 이 현상은 기존방식의 정치 참여형태를 거부하는 것일지도 모른다는 해석도 할 수 있다.

〈표 1-2〉에서 여성만 따로 정리해 나이대별로 분류한 〈표 1-3〉을 참조하면 여성 유권자 중 20대와 60대 이상 유권자들이 정치에 대한 만족도는 다른 연령층과 비슷한 양상을 보였다. 그 와중에도 정치의 중요도 및 만족도에 대해서는 자기의 의사를 정확히 모르거나 표현하지 않을 때 주로 표시하는 보통에 제일 많은 빈도를 나타내었다. 이러한 현상을 굳이 설명한다면 노엘레-노이만(Noelle-Neumann, 1974)이 제시한 자신의 의견이 사회적으로 우세하고 지배적인 여론과 일치되면 그것을 적극적으로 표현하며 그렇지 않으면 침묵을 지키는 성향이 있다는 침묵의 나선 이론에 대입해 볼 수 있다. 또한, 군대에 가서 자유를 일정 기간 뺏기며 강제로 여러 생각을 하게 되는 남성과 달리 20대 여성은 정치 외적인 요인, 예를 들어 학업과 취업을 준비하거나 자신의 자아실현에 치중해 정치에 대해 큰 고민 혹은 생각이 없었을 가능성도 무시할 수 없다.

반면 정치인에 대한 인식은 전체적으로 기타의견이 골고루 등장했다. 법 제정자, 민원해결사, 시민 대의기관이라고 인식하는 부분에 대해 제일 중복이 많았으며 그다음으로 이익대변자, 정책결정자, 함께 희생하는 사람 등의 의견이 나왔다. 사회활동과 사람과의 관계를 형성하는데 시간적 자원을 충분히 사용하지 못해 한계가 있는 20, 30대 여성 유권자보다 사회활동과 사회적 인간관계 등이 제일 활발해지기 시작하는 40대 여성 유권자는 국민과 함께 희생하는 사람 등의 기타 의견을 많이 제출하였으며 그 어느 연령대보다 정치에 대한 관심도가 높은 현상을 볼 수 있다.

다시 〈표 1-2〉로 돌아가 보면 남성 유권자들은 정치가 중요하다고 인식하고 있는 비율이 69%로 72%인 여성 유권자들보다 조금 낮았으며 정치인에 대한 인식 기타의견이 국민의 대변인, 사회 문제를 바로 잡는 사람을 제외하면 사익을 추구하는 사람, 세금 도둑, 아무 도움 없는 사람들, 남 탓만 하고 자신의 출세 지향적, 직업인 등으로 부정적인 견해가 많았다. 이 현상을 유추해보자면 남성 유권자들은 일단 군대 문제로 나라에 대한 부정적인 생각을 가지며 사회생활을 시작하는 경우가 많고 여러 인터넷 커뮤니티, 유튜브나 종편 등의 매체에서 자극적이고 편향적이며 부정적인 자료 혹은 보도를 능동적으로 접하는 경우가 많다는 것을 간과해선 안 될 것으로 보인다.

투표의 영향력에 대한 인식

'투표는 내 삶에 영향을 미친다.'

참고 자료를 분석해서 그래프로 나타낸다면 20대와 40대의 여성 유권자 간에 확연하게 다른 그래프가 결과로 나오게 될 주제가 이번 설문이다. 〈표 1-4〉에는 투표가 자신의 생활에 영향을 주는지 아닌 지에 대한 질문에 대한 답을 표본의 수가 비슷한 20대 여성과 40대 여성만 간추려 담았다. 두 집단 서로 간의 답변이 비슷했으나 세부적으로 들어가 삶의 어디에 영향을 주는지를 살펴보면 서로 현저하게 다른 대답이 나온다. 세부적인 사항에서 복수 선택을 가능하게 하니 20대 여성은 적극적으로 복수의 항목을 골랐고, 40대 여성은 투표 참여가 본인 생활에 영향을 준다고는 했으나 어디에 영향을 줄 것인 지에 관한 질문에서 답변을 그다지 고르지 않았다. 다만 기타 부분에 답한 한 명의 40대 여성이 생활과 삶 전반적인 부분에 영향을 준다고 이야기한 점을 고려하면 40대 여성 일부의 침묵은 투표가 삶의 대부분에 영향을 주기 때문에 답변을 따로 고르지 않아도 된다고 생각했기 때문일지도 모른다.

〈표 1-4〉

투표가 주는 영향	투표 참여가 본인 생활에 영향을 주는가?				투표 참여가 본인 생활에 영향을 준다면 어디에 주는가? (복수 선택 가능)					
	준다	안 준다	기타	소계	교육	주거	취업 (경제 활동)	출산 및 육아	결혼	소계
20대 여성	25	10		35	16	15	15	6	2	54
40대 여성	25	7	1	33	7	3	4	2	2	18
합계	50	17	1	68	22	17	19	8	4	70

조금 더 분석해 보면 20대와 40대 여성 모두 교육에 대한 관심이 많았는데 40대는 자녀의 교육 문제 때문이고 20대는 자신이 아직 학생이어서일 가능성이 크다. 두 집단 모두 2위와 3위를 차지한 취업(경제 활동)과 주거 문제도 정치에 관한 관심 여부와 관계없이 모든 계층의 관심사이기도 한 사회 문제 해결의 1순위 대상이다. 이렇게 투표로 교육 문제의 개선 혹은 도움, 취업 활동이나 경제 활동의 활성화, 맘 편히 거주할 수 있는 주거 문제 해결 등을 기대하는 사람이 많은 것을 볼 때 유권자가 평상시 정치와 정치인에 대한 관심도가 낮다고 해서 결코 본인과 직접 관계된 부분에서도 관심이 낮은 것이 아니라는 것을 알 수 있다.

제3장

유권자가 지지 후보를
선택하는 과정

지지 후보를 결정하는 유권자의 성별 간 특성

'TV 토론으로 유권자의 선택을 돌리기는 많이 힘들다.'

2014년 1월 한겨레사회정책연구소와 한국사회여론연구소가 함께 최초로 대상층을 여성 유권자로 한정하고 한 달간 여성 유권자 1,200명에게 심층적 대면조사를 실시했다. 이 조사에서 볼 수 있는 가장 핵심적인 내용은 두 가지로, 정치 관련 정보를 획득하는 매체와 그에 대한 신뢰도, 그리고 투표를 할 때 영향을 받는 사람에 대한 것이다.

조사 내용을 살펴보면 먼저 여성 유권자들이 정치 관련 정보를 얻는 매체 중에서 압도적인 1위는 지상파 TV(97.1%)였다. 신뢰도도 73.7%로 다른 매체들의 신뢰도와는 비교 불가였다. KBS, MBC, SBS의 뉴스들을 통해서 정치 관련 정보를 가장 많이 얻고 있고, 그 정보를 신뢰하고 있다는 뜻이다. 이용률 2위는 종편 TV(66.8%)였지만 신뢰도가 2.8%에 불과했다. 여론조사기관 리서치뷰에서 비슷한 시기에 나온 방송사 신뢰도와 관련한 여론조사에서는 가장 신뢰하는 방송사 1위는 KBS(27.4%)였고, 2위가 종편인 JTBC(13.1), 뒤를 이어 MBC(11.3%), SBS(11.1%), TV조선(10.3%) 순이었다. 이 조사 결과는 남성과 여성을 합산했고 여론조사기관도 달라서 비교가 어려운 측면이 있지만, 한겨레 조사에서 나온 여성이 종편에 가진 신뢰도 2.8%와 연계해 생각해보면 종편 방송에 대한 신뢰는 여성보다는 남성이 확연히 높다고 짐작할 수 있다.

다음으로 한겨레의 조사 결과에서 주목할 곳은 배우자가 있는 집단에서 투표 시 절반 정도가 배우자나 친구 혹은 지인의 영향을 받는다고 답변한 점이다. 배우자의 자산 정도에 따라 비율이 오르고 내리지만 결국 타인의 영향을 받는 유권자가 전체의 절반가량이라는 점은 많은 의미가 있다. 정리하면 여성 유권자는 지상파TV를 통해 가장 많은 정치 정보를 획득하고 있지만, 투표할 때는 배우자와 친구 나 지인으로부터 가장 큰 영향을 받고 있다는 결론이 나온다. 선거 때 여론주도자 역할을 자처하며 후보자의 여론을 형성하거나 선거 운동원으로 활동을 하는 사람의 대부분이 여성임을 고려해 보면 당연한 결과일 수 있다.

이제 직접 조사한 지지 후보 결정에 중요한 고려 요소를 정리한 자

누구를 위해 투표할 것인가

료 〈표 2-1〉을 보자. 위의 한겨레 조사와는 달리 조금 생각해 볼 만한 결과가 나왔다. TV 토론 등 대중매체를 통해 후보자를 결정했다고 응답한 사람은 불과 여성 13% 남성 17%였다. 한겨레 조사에 따르면 정치 관련 정보의 97% 이상의 정보를 얻는 TV에서 하는 토론임에도 불구하고 직접 조사한 결과와 합쳐보면 TV 토론은 유권자의 소신 혹은 대세에 따르는 선택을 돌리기에는 많이 힘들다는 분석이 나온다.

〈표 2-1〉

후보자 결정 시 중요 고려 요소	여성(%)	남성(%)
나의 소신	46	40
당선 가능성	25	25
주변의 권유	6	6
TV 토론(대중매체)	13	17
SNS	6	7
기타 응답	4	5
합	100(명)	100(명)

지지 후보를 결정하는 여성 유권자의 나이별 특징

'SNS를 이용한 선거 홍보가 효과적일 가능성이 크다.'

위의 표에서 나온 당선 가능성이 후보자 결정요소의 2위라는 점에 주목해보았다.

〈표 2-1〉의 여성을 나이대별로 세분한 〈표 2-2〉를 보면 40대 여성 유권자들은 후보의 당선 가능성에도 많은 비중을 두었지만 대면 자리에서 정당정책이나 공약을 잘 지킬 수 있는 후보자들에 대한 기타 의견을 적극적으로 표현하며 정치에 대한 높은 관심도를 보여주었다. 그러나 20대 여성 유권자들은 다른 연령대의 유권자에 비해 압도적으로 많은 수가 당선 가능성이 큰 후보를 선택하며 주변의 권유에도 가장 많이 영향을 받았다. 또 TV 토론은 고려대상조차 아니었다. 이 현상은 〈표 1-4〉에서 20대이며 여성일수록 정치적 중요도를 낮게 보는 시선으로 해석할 수도 있겠지만 살펴보면 40대 이상의 유권자와

는 다르게 SNS로 후보를 정하는 퍼센티지도 가장 높아 미래의 선거는 TV보다는 상시 곁에 두며 간단하게 사용할 수 있는 스마트폰을 위시한 첨단 매체의 소통수단을 공략하는 쪽이 승리자가 될 가능성이 커 보인다고 분석할 수도 있겠다.

〈표 2-2〉

여성 유권자	19세~29세	30~39세	40~49세	50~50세	60세 이상
나의 소신	10	11	15	8	2
당선 가능성	13	2	6	4	
주변의 권유	6				
TV 토론 (대중매체)			8	5	
SNS	6				
기타 응답			4		
합(명)	35	13	33	17	2

유권자의 후보 선택 시 중점적 고려 사항

'유권자가 후보자를 선택할 때 정책이 1순위, 2순위로 도덕성을 보았다.'

다음으로 후보자를 결정할 때가 아닌 후보자를 선택할 때 작용하는 요소를 질문하고 응답한 내용을 표로 정리해보았다.

〈표 2-3〉

후보자 선택 시 작용하는 요소	여성(%)	남성(%)
정당	24	11
정책	39	41
도덕성	32	38
살아온 환경	5	10
합(명)	100	100

〈표 2-3〉의 내용에서 후보자 선택 때 작용하는 요소로 남성 유권자 11%가 정당을 보았지만, 여성 유권자는 남성의 두 배를 넘기는 24%가 정당을 보았다. 남녀 모두 후보자의 정책을 가장 높은 순위로 꼽았고 후보들의 도덕성도 정책 못지않게 모두 다음 순위로 선택했다. 조금 특이하게도 후보자의 살아온 환경을 고려하는 남성 유권자는 10명이었지만 여성 유권자는 그 절반인 5명으로, 남녀가 도덕성을 선택한 수와 결합해 추론해보면 이성적으로 판단하는 남성과 감성적으로 판단하는 여성과의 생리적 특성의 차이로 결론짓거나 혹은 상대적으로 사회적 활동의 기회가 남성보다 덜한 여성이 후보자의 과거나 도덕성에 대한 정보를 얻거나 정치적 견해를 소통하는 창구들이 적은 상황에 처해 있어 나타난 결과로도 볼 수 있을 것이다.

여성 유권자의 후보자 선택 시 나이별 분석

'20대 여성 유권자는 공정과 정의 등의 가치를 중시하지만, 대세론에 영향을 받기 쉽다.'

〈표 2-3〉에서 다시 여성 응답자를 나이별 세부적으로 분류한 표는 다음과 같다.

〈표 2-4〉

여성 유권자	19세~29세	30~39세	40~49세	50~50세	60세 이상
정당	12	2	5	3	2
정책	4	8	17	10	
도덕성	19	2	9	2	
살아온 환경		1	2	2	
합(명)	35	13	33	17	2

누구를 위해 투표할 것인가

후보자 선택 시 고려 사항으로 정당을 고른 연령대는 20대가 가장 높게 나왔다. 앞서 이야기한 후보 결정 시 고려한 이유의 조사에서 20대가 많이 선택한 당선 가능성이 큰 후보와 주변의 권유, SNS 등을 함께 묶어 유추해보면 20대의 여성 유권자는 선거에서 소위 이야기하는 대세론에 영향을 받기 쉬운 게 아닐까? 또한, 도덕성이 가장 많은 득표를 한 사실을 보면 20대는 어떤 세대보다 공정과 정의 등의 가치를 중시한다고 보인다. 반면 20대와 40대의 표본의 수는 비슷하지만, 정책을 고려한다는 대답이 20대보다 40대가 4배나 높았으며 도덕성을 선택한 유권자가 절반 수준인 결과를 보면 자신에게 득과 실이 분명한 정책 부분을 조금 더 중시하고 꼼꼼히 따져보겠다는 자세를 추론해 볼 수 있다. 이는 현재 경제 활동을 활발히 하는 것으로 예상하는 30~50대 사이에서 공통으로 나타나는 현상이다.

유권자의 후보 결정 시기

'총 응답자의 반수 이상(57.5%)이 투표일이 임박한 1주일 이내에
지지 후보를 결정하였다.'

아래 〈표 2-5〉는 유권자가 후보자를 결정한 시기를 정리했고 그
아래의 〈표 2-6〉은 〈표 2-5〉를 다시 유권자의 나이별로 세부 분리해
서 정리한 표이다.

〈표 2-5〉

후보자 결정 시기	여성	남성	전체
투표 당일	12	12	24
투표 2~3일 전	20	21	41
투표 1주일 전	23	27	50
투표 2~3주 전	10	11	21
투표 한 달 이전	34	26	60
모름/무응답	1	3	4
합(명)	100	100	200

	만 19~29세	만 30~39세	만 40~49세	만 50세 이상	합(%)
투표 당일	7	5	5	7	24(12%)
투표 2~3일 전	15	9	7	10	41(20.5%)
투표 1주 전	12	10	12	16	50(25%)
투표 2~3주 전	7	4	5	5	21(10.5%)
투표 1달 이전	8	9	15	28	60(30%)
모름/무응답	2	1		1	4(2%)
합(명)	51	38	44	67	200(100%)

이 표에서 주목할 만한 부분은 총응답자의 반수 이상(57.5%)이 투표일 일주일 이내에 지지 후보를 결정하였다는 답변이다. 심지어 당일에 결정하는 때도 12%나 된다. 나이별로 확인해보면 낮은 연령층일수록 지지 후보를 투표일이 임박해지는 시기까지 정하지 않고 있었다.

좀 더 세부적으로 분석해 보면 만 19세~29세까지 유권자의 2/3가 선거가 임박한 일주일 동안 투표할 후보를 결정한다고 말해 한 달 전에 후보자 결정을 마친다고 답한 만 50세 이상의 약 42%의 유권자 그룹과는 극명한 대조를 보인다. 이를 해석하기 위해 앞서 살펴보았던 〈표 2-3〉과 〈표 2-4〉 항목과 연관 지어 생각해보면 연령층이 높을수록 선거에 관한 관심이 높아 미리 후보를 비교해본 후 정하고, 낮은 연령층일수록 선거에 관한 관심이 부족하거나, 혹은 연장자보다 정보습득 창구 등의 부족으로 꼼꼼하게 마지막까지 후보자를 끝까지 검증해내고자 하는 젊은 유권자들의 의지와 노력으로 보이는 모습이 아닐까 생각한다.

누구를 위해 투표할 것인가

제4장

선거 전후 유권자의
지지도 변화

투표 전 지지 후보가 바뀌는 이유

'유권자가 생각하는 수준 미달의 정치인은 끝까지 지지를 얻기 힘들다.'

후보자를 결정하는 과정에서 하루 전 혹은 한 달 전부터 투표할 후보를 점찍었다 하더라도 어떤 계기로 지지 후보가 바뀌는 경우가 발생하기도 한다.

울산의 여성 유권자 100명에게 선거 전 투표할 후보자를 바꾼다면 어떤 이유로 바꾸겠냐는 질문을 하고 답한 결과를 통해 어떤 후보가 끝까지 지지를 유지하기 위해서 어떤 변수가 중요한지 분석한 내용을 〈표 3-1〉로 정리했다.

〈표 3-1〉

후보를 바꾸는 결정적 요소	만 19~29세	만 30~39세	만 40~49세	만 50세 이상	60세 이상	계
도덕성	12		15	1		28
TV 토론	9	4	10	4	2	29
정책(공약)	9	9	1	10		29
주변의 권유	5		6	2		13
기타			1 (당선 가능성)			1
실제 바꿔봄	31(88.5%)	5(38.5%)	14(42.4%)	5(29.4%)	0(%)	55(55%)

〈표 3-1〉에서 나타난 결과를 분석해 보면 젊은 층일수록 지지 후보를 실제로 바꿔보았고 그 이유 중 가장 많이 택한 항목이 도덕성이었다. 이는 〈표 2-4〉에서 나타난 후보자 결정 시 젊은 층일수록 소속 정당을 중시한다는 결과와 연계해서 생각해볼 만한데 후보자 자체보다 정당의 도덕성을 우선순위로 두었다고 보는 것이 조금 더 설득력이 있다고 생각한다.

또한, 조사한 유권자의 55%가 실제로 지지 후보를 바꿔본 경험이 있고 그 이유로 엇비슷하게 도덕성과 TV 토론, 그리고 정책이라고 답변했는데 이는 유권자들의 수준이 이제 어설픈 도덕성과 정책, 공약을 가져오는 수준 미달의 정치인을 스스로 걸러낼 수 있는 단계 이상으로 성숙해졌다고 보인다.

선거 후 지지했던 후보를 지지하지 않게 되는 이유

'후보자가 정보를 숨기더라도 결국 밝혀진다.'

투표일이 지나고 당선자가 결정되면 사람들은 일상으로 돌아온다. 선거 열기는 어느새 사라지고 당선자와 피당선자만 남게 된다. 자신이 적극적으로 지지하며 본인의 한 표뿐 아니라 가족 지인 등 다른 사람에게도 홍보하며 애쓰던 사람이라도 시간이 흘러 여러 가지 상황들이 결합하면 지지했던 후보 혹은 당선인에 대해 지지를 철회하기도 한다. 이 빈도수가 제일 많았던 20대 유권자와 40대 유권자의 변화와 원인을 분석해 비교해보고, 앞으로의 선거에 올바른 선택이 될 수 있도록 해석해 보았다.

아래 〈표 3-2〉와 〈표 3-3〉은 후보에 대한 지지를 언제든지 바꿀 수 있는 모습이 보이는 유권자들의 변화무쌍한 심리적 측면을 잘 보여주고 있다. 특히 20대와 40대 유권자의 무려 72.6%가 자신이 지지했던 후보를 지지하지 않게 된 경험이 있다는 답변에서 유권자는 선거 이후에도 자신이 지지했던 후보자에 대한 정보를 어떠한 경로 등을 통해 능동적으로 입수하고 또 판단하고 있는 것으로 보인다.

〈표 3-2〉

선거 후 유권자 질문	선거 후 지지했던 후보를 지지하지 않게 된 이유 (해당 사항 있을 시)					
	타인의 제보, 권유	낮은 득표율	TV 토론, 언론 등을 통한 실망	기타	해당 없음	합계
20대	10	19	8		14	51
40대		7	16	9	12	44
계	10	26	24		26	95

좀 더 세부적인 내용을 살펴보자면 20대 유권자들이 후보에 대한 지지가 바뀌게 된 계기의 1순위를 낮은 득표율로 꼽고 있다. 이는 본문 3장에서 다룬 지지 후보를 결정하는 과정에서 당선 가능성을 주고려 요소로 선택한 유권자의 응답인 〈표 2-2〉와도 연관성이 있다. 사회 경험과 정보습득 창구가 상대적으로 부족한 20대는 낮은 득표율뿐 아니라 타인의 제보로도 지지 후보를 쉽게 변경하는 모습을 보인다. 이는 소위 말하는 대세론에 휩쓸리기 쉬운 20대의 현실을 잘 설명해 주는 쓸쓸한 결과다.

한편 40대 유권자는 후보 선택 시 자신의 소신을 가장 많이 고려했다는 점에서 TV 토론이나 언론 등으로 실망스러운 모습을 보여준 후보는 지지를 철회하고 다시 소신껏 후보를 골랐다고 볼 수 있겠다.

〈표 3-3〉

선거 후 유권자 질문	지지 후보가 당선되었다면 지속적으로 해당 후보의 활동에 관심을 기울이겠는가?					지지 후보가 당선되지 않았다면 다음 선거에도 지지하겠는가?				
	매우 무관심	무관심	보통	관심	매우 관심	매우 아니다	아니다	보통	그렇다	매우 그렇다
20대	7	8	25	11		12	7	21	8	3
40대			12	20	12	2	3	11	18	10
계	7	8	37	31	12	14	10	32	26	13

위와 연속해 질문한 내용을 정리한 〈표 3-3〉은 선거 후 지지했던 후보에 대한 유권자의 태도를 보여준다. 20대 유권자는 자신이 지지한 후보가 당선되었을 때 해당 인물에 대한 지속적인 관심을 보이겠는가라는 질문에 40대와는 극과 극이라 할 정도로 상반되는 모습을 보여주었다. 필자는 이 질문의 답변에서 보통을 선택한 유권자는 중심이 무관심 쪽으로 더 기울어져 있다고 생각한다. 따라서 관심이냐 무관심이냐의 양자택일에서 20대는 대부분 정치보다 현재 사회초년생으로서 들이닥친 여러 가지 요소에 더 많은 신경을 쓴다고 해석할 수 있겠다.

반면 40대는 앞서 말한 보통이라는 무관심과 가까운 답변이 있음에도 불구하고 자신이 지지해 당선된 후보에 대해 지속적인 관심을 보인다고 응답한 사람이 압도적으로 많았다. 이는 역시 40대는 20대보다 실질적으로 사회를 지탱하는 중심 구성원의 입장으로 정치가 자신의 삶에 직, 간접적으로 더 크게 와닿기 때문에, 비유하자면 내 돈을 빌려 간 사람이 제대로 갚고 있는지를 확인하고 있다고 봐야 한다.

다음으로 내가 지지한 후보가 당선되지 않았다면 다음에도 지지하겠는가를 물었다. 여기서도 역시 20대와 40대 유권자의 차이가 크게 나타나는데, 위의 표에서 20대는 대중의 선택을 받지 못한 후보자를 계속 지지하기보다 새로운 인물을 지지할 것이라는 판단을 할 수 있으며 40대는 자신이 소신껏 판단한 후보자가 선거에서 당선이 안되었다면 자신의 소신을 굽히기보다는 의심하지 않고 계속 지지하는 모습을 보여준다고 해석할 수 있겠다.

누구를 위해 투표할 것인가

제5장

결론

유권자는 합리적이다

'유권자는 자신이 아는 범위 내에서 최대한 합리적으로 후보자를 선택한다.'

흔히들 젊은 층일수록 혹은 여성일수록 정치에 관한 관심도 낮고 그에 따라서 정치적 지식에 관한 관심도 낮다고 말한다. 틀린 이야기이다. 설문 조사의 결과 등을 고찰해보면 유권자들의 정치에 관한 관심은 나이와 성별에 따른 차이가 크게 나지 않는다. 물론 정치적 정보나 지식에 관한 습득은 연령대별로 차이가 난다. 사회초년생과 사회의 실세, 그리고 사회의 은퇴층이 접할 수 있는 지식과 정보의 총량 혹은 창구는 당연하게도 차이가 날 수밖에 없다. 하지만 모든 연령층과 성별에서 후보자를 평가하고 선택하면서 자신이 습득할 수 있는 지식과 정보의 범위 내에서 최대한 합리적으로 선택하기 위해 심사숙고하는 모습을 볼 수 있었다.

이 모습을 너무나 잘 보여주는 것이 20대와 40대의 답변 차이다. 젊을수록 남의 의견에 자신의 의견을 동조시키는 경우가 많지만 잘 못 판단했다면 바로 수정하고 바꾸는 데 주저함이 없고 고연령층으로 갈수록 자신이 옳다고 여기는 생각을 우직하게 밀어붙인다.

공직을 맡기 위해 선거에 나가는 후보자는 유권자 개개인의 목소리에 진정성을 가지고 귀를 기울이는 자세가 기본이 되어야 한다. 당선만 되면 끝이 아니라 시작이라는 생각을 가지고 고개 숙이며 간절하게 부탁했던 마음과 행동을 잊어선 안 되며 항상 겸손하고 낮은 자세로 국민을 위해 일하는 데 신경을 써야 한다. 그렇지 않고 국민 위에 군림하려 들면 유권자는 점점 똑똑해지고 합리적인 선택을 하므로 진정성을 보여주는 다른 후보자에게 표를 던질 것이다.

누구를 위해 투표할 것인가

민주주의가 등장한 이후 늘 있는 이야기지만 지금의 민주주의는 특히 '위기'라고 한다. 영국의 올더스 헉슬리가 1932년 발표한 소설 '멋진 신세계'에서 '너무 많은 정보가 범람해 진실이 묻히고 자극적이고 저속한 것만 넘치는 세상'을 염려한 것이 어느새 현실이 되었다. 사람들은 자신의 입맛에 맞는 이야기를 원하고 유튜브로 대표되는 빅데이터 알고리즘은 계속 그쪽 이야기를 보여준다. 편향이 더 큰 편향을 낳고 결국 스스로 생각하지 않고 생각해 주는 대로 생각하는 사람이 양산되고 있다.

일반적으로 유권자는 자신에게 이익을 가져다줄 정치 세력에게 투표를 통해 지지를 행사한다. 그러므로 저소득층은 분배와 복지를 중시하는 진보 가치를 표방하는 정당을, 고소득층은 낮은 세율과 성장을 중시하는 보수 가치를 표방하는 정당을 지지하는 것을 '계급 투표'

라 말하고, 해당 계층이 반대의 선택을 할 때 '계급 배반 투표'라고 정치학에선 정의한다.

이 논리에 근거하여 유권자가 계급 투표의 개념대로 투표한다고 가정하면, 자원이 소수의 특정 집단에만 편중되고 사회의 양극화가 심해질 때, 자원을 분배받지 못한 사람 대다수는 진보 가치를 표방하는 정당에 표를 줄 것이고, 보수 가치를 표방하는 정당은 권력이 넘어가는 것을 막기 위해 내키지 않지만 비슷한 수준의 복지 공약을 내걸어 표의 이탈을 막는다. 이로 인해 어느 쪽이 이기더라도 궁극적으로 사회는 좀 더 다수의 이익에 맞춰갈 수 있게 된다고 설명한다.

최근 민주주의의 '위기'란 바로 이런 계급 투표를 무력화하기 위해 수단과 방법을 가리지 않고 민주주의를 이용하려는 기득권 계층과 그것을 막기 위한 유권자 간의 힘의 균형이 점점 한쪽으로 기울어지고 있다는 것을 뜻한다. 앞서 말했듯 민주주의는 유권자들이 권력을 놓지 않기 위해 제도를 무력화하려는 사람과의 끝없는 싸움에서 이겨야만 제 기능을 한다. 하지만 기득권이나 기득권을 노리는 자들이 제도를 무력화하려는 수법은 날이 갈수록 교묘해지고 또 알아채더라도 벗어나기 힘들다. 대표적인 예를 들면 갈등의 조장이다. 갈등을 일으키고 다수가 지지하는 쪽의 입장을 대표하겠다고 선점하면 손쉽게 다수의 지지를 끌어올 수 있다. 남북 갈등을 유발하고, 지역감정을 유발하고, 성별 갈등을 유발하고, 세대 갈등을 유발하는 것은 대부분 이런 이득을 보기 위한 특정 계층이 고의로 일으키는 악독한 행위나 다를 바가 없다.

이는 미국의 칼럼니스트 토마스 프랭크(Thomas Frank)가 쓴 '왜 가난한 사람들은 부자를 위해 투표하는가'라는 책에서도 잘 설명되어 있다. 전 세계적으로 엄청난 충격을 주었던 이 책은 캔자스에 거주하는 중, 하층의 미국 시민들이 자신들을 더욱 가난하게 만드는 상류층과 부자 위주의 정책을 펼치는 공화당 후보에게 자신의 표를 주어 당선시키는 현상의 이유와 그 수법을 설득력 있게 설명하며 깊게 고찰해 베스트셀러가 되었고, 학계마저 뒤흔들었다.

책에서 국민에게 계급 배반 투표를 하게 만든 공화당의 교활한 수법에 대해 프랭크는 엄청난 비난을 퍼붓는다. 자신들의 이득을 위해 캔자스 주민들을 '피해자'로 만들고 공화당을 지지하게 만들어 고소득층 위주의 정책을 펴는 공화당이 저소득층이 많은 캔자스를 망쳐버렸다는 것이다. 막상 갈등을 유발하고 갈등을 해결할 수 있다고 상대방을 비난하며 유권자의 표를 가져갔지만 정작 자신들이 집권한 뒤에는 갈등에 대한 해결은커녕 해결 의지조차 없었다고 부연 설명까지 덧붙여 가며 열변을 토한다.

가장 슬픈 건 캔자스의 일반 서민들은 이 상황에 대해 의문을 제기하지 않았다는 점이다. 정치인이 조장하는 어떤 갈등에서, 특정 가치에 많은 사람이 함께 모인다는 동질감은 시간이 지날수록 자신이 가난해지더라도, 또 자신이 이용당했다는 진실이 밝혀져도, 무시할 수 있을 정도로 강력한 마약이나 다름없었고, 공화당은 이를 너무나 잘 이용했다. 프랭크는 이를 현대판 중우정치의 성공이자 민주주의의 패배라고 말한다.

사실 이런 현상은 미국에서만 일어난 것이 아니다. 갈등이 사람들을 분열시키고 특정 계층이 오래 집권하거나 세를 불리는 데 효과적이라는 사실을 이해 한 사람들은 사람의 심리를 파고들어 우민화하기 위해 수단과 방법을 가리지 않고 정보를 숨기고, 조작하고, 통제하며, 생각을 지배하기 위해 각종 매체를 이용한다.

브렉시트로 대표되는 현재 영국의 대표적인 사회 혼란도 영국인과 영국 내 외국인과의 갈등을 조장하며 유권자의 지지를 얻으려던 극우 인사들의 혐오에 많은 사람이 매몰되어버린 결과라 할 수 있다.

그렇다면 한 명의 유권자에 불과한 우리가 이런 민주주의의 위기를 극복하기 위해선 어떻게 해야 할까?

스스로 생각하는 것이 가장 중요하다. 생각을 대신 해 주는 매체에 휘둘리면 안 된다. 그들은 호시탐탐 나의 주권을 노리며 내 생각을 지우고 그들의 생각이 내 생각이 되도록 세뇌하는 독재자나 다를 바 없다. 정치적 결정과 과정을 귀찮은 일로 치부하지 말고 직접 고민해서 합리적인 판단을 내려야 한다.

혐오와 갈등에 심취해선 안 된다. 어떠한 혐오와 갈등의 형태도 반대해야 하고, 그것을 조장하려는 자들에게 동조해선 안 된다. 혐오와 갈등에 올라타 한쪽을 지지하며 갖는 동질감은 마약이나 마찬가지다. 곧 더 큰 자극과 더 큰 동질감을 위해 스스로 혐오와 갈등을 생산하는 자기 파멸적 행위에 빠져들고 곧 그런 자들을 이용하려는 자의 꼭두각시가 될 뿐이다.

이런 일을 전부 실천하기는 사실 버겁다. 정치적 선함을 정확하게 인지하고 그에 걸맞은 유능한 후보자를 결정하는 것은 결코 쉬운 일이 아니다. 생업에 치어 혼란하고 지친 우리의 삶 속에 파고드는 정보의 홍수 속에서, 거짓과 편파, 그리고 증오와 갈등까지 일일이 골라내고 취합해 생각까지 해가며 정치인을 지지해야 한다니 힘들 수밖에 없다. 우리가 피곤하지 않게 대신 생각해 준다며 우리의 결정권을 탈취하려는 부지런한 매체들은 지금도 우후죽순 실시간으로 생겨나 달콤하고 자극적인 주제로 우리를 호시탐탐 노리고 있다. 한땐 불의를 참지 못해 거리로 달려 나와 희망을 외치던 사람들도 하나둘 유혹에 넘어가 편하게 그들의 생각을 받아먹으며 조작되고 삐뚤어진 정의의 수호자가 되어, 그들이 선동하는 대로 악을 선함이라 하고 선을 악이라 말하고 있다.

그런데 제대로만 적용하면 마법같이 우리를 이용하려는 정치인을 쉽게 길들이는 방법이 있다면 어떻게 하겠는가?

턴포탯(Tit-for-Tat)이라는 유명한 전략이 있다. 서로 다른 두 개체가 만나서 교류해야 할 상황이 발생했을 때, 처음에는 선의를 베풀고 이를 상대가 수락하면 계속 우호 관계를 유지하며, 배반하면 자신도 바로 응징하여 상대가 더는 이득을 취하지 못하게 한 뒤, 이후 교류를 단절하지 않고, 다음에 같은 상대가 배신 혹은 협력을 선택하면 똑같이 따라 하는 단순한 전략이다. 이 전략의 포인트는 두 가지가 있는데 처음에는 선의를 베푸는 점, 다음은 상대가 자신의 배신행위에 대한 반성이 있을 때 무시하지 않고 시원하게 용서를 해주는 것이다.

너무나 단순하지만, 그 위력은 매우 강력해서 지금까지 연구된 그 어떤 다른 전략도 턴포탯만큼 효과적이지 못했고 이를 증명하기 위해 미시간 대학교의 정치정책학 교수 로버트 액설로드(Robert Axelrod)는 2회에 걸쳐 세계 각지의 수학자, 정치학자, 경제학자, 심리학자, 국제관계학자, 군사 전문가, 게임이론 관련 권위자 등 여러 전문가에게 상금을 걸고 이 전략을 능가하는 전략이 있는지 실험을 겸한 대회를 진행하였지만, 최종우승은 전부 턴포탯이 차지하였다. 혹자는 자연의 법칙이라고 할 정도로 강하고 단순한 전략이다.

기독교, 불교, 유교, 유대교, 이슬람교, 힌두교 등 인류의 수많은 문화, 종교에서 보편적으로 발견되는 '자신이 대접받고 싶은 대로 남을 대접하라'로 유명한 '황금률'이라는 순수 이상주의도 약간의 차이가 있지만, 팃포탯과 연결해 설명할 수 있다. 사회에서 보이는 이타성과 협력의 근원이 바로 이것이며, 우리가 대리 만족을 얻는 각종 드라마, 소설 등의 주인공들이 가장 많이 표방하는 가치이기도 하다.

이 팃포탯 전략을 우리 유권자들이 정치에 적용한다면 어떨까?

갈등 유발에서 파생된 진영논리와 학연·지연 등의 무조건적 지지에서 벗어나고, 유권자의 기대를 배신하는 등의 기준에 맞지 않는 정치인을 칼같이 표로 응징한다면 정치인이 유권자의 눈치를 보게 되며, 다음에도 당선되고 싶거나 나중에 처벌받지 않기 위해서라도 제대로 일을 하게 된다. 이렇게 정치인들을 올바르게 잘 길들인다면 민주주의의 적이 어디선가 나타나더라도 큰 세력이 되기 전에 손쉽게 떡잎부터 잘라낼 수 있다. 그리고 팃포탯 전략으로 무장한 유권자는 정치인이 잘하면 계속 지지를 해 주니까 정치가 더 성숙해지고 결과적으로 나라가 좋은 방향으로 빠르게 나아갈 것이다.

누구를 위해 투표할 것인가?

다른 누구도 아닌 나를 위해 투표해야 한다.

하지만 그 과정에는 스스로의 고민이 있어야 한다.

투표는 불확실로 가득한 나의 미래에서 희망을 사는 행위다.

옷 하나를 고를 때에도 어느 것이 더 나은지 고민하는 것처럼

나의 미래, 나아가 내 아이의 미래, 더 나아가 우리 후손의 미래를 위해

나의 한 표를 고민한다면 우리의 앞날에 희망이 더불어 올 것이다.

마치며

두 번째의 쉼표를 찍었다.

어린 날 거리에서 들려온 희망의 소리가
내 가슴에 들어와 싹을 틔워
지금의 나를 만들었고
미래의 나도 만들었다.

내 나무가 열매를 맺지 못하더라도
누군가 열매를 맺고
다른 누군가의 가슴에
희망의 소리를 전해줄 것이라 믿는다.

지금까지 그리고
앞으로도 함께할 모든 분께
희망이 더불어 오도록
고개 숙여 감사의 마음을 전한다.

이미영의 외침

울산 폐교의 활용방안 제언

2018. 10. 16.(목), 11:00
제200회 임시회 제1차 본회의 5분 자유발언

사랑하는 120만 울산시민 여러분, 그리고 황세영 의장님과 동료의원 여러분 반갑습니다. 송철호 시장님과 노옥희 교육감님을 비롯한 관계 공무원 여러분, 노고에 감사드립니다. 교육위원회 이미영 의원입니다.

바쁜 일정에도 불구하고 의회와 집행부의 활동에 관심을 가지고 함께해 주신 의사들께도 고마운 마음을 전합니다.

오늘 저는 울산의 폐교 활용방안에 대해 5분 자유발언을 하고자 하며 교육 행정에 반영되길 바랍니다.

울산은 최근 인구가 줄어들고 있습니다. 주력산업 경기가 예전만 못하게 되어 경제도 어려워지면서 퇴직자와 실업자가 급증하고 있습

누구를 위해 투표할 것인가

니다. 청년 취업률도 더 나아질 기미가 보이지 않습니다. 삶이 팍팍해지면서 우울증 또한 사회문제가 되어 가고 있습니다.

올해 1월 연합뉴스 기사를 보면 50~60대 퇴직자, 치매 예방 문화예술교육 프로그램으로 문체부에서 '문화예술교육 5개년 종합계획'을 발표하고 5년간 약 1조 원에 가까운 예산을 지원하겠다고 합니다.

또 다른 자료를 참고하면 폐교나 폐공장 예술터 사업에 성남시와 전주시가 선정되어 시범 사업을 이미 추진하고 있습니다. 내년부터 사업을 확대할 예정이라고 합니다.

비록 이렇게 대규모 예산이 투자되는 사업은 아니지만 각 시도에서도 폐교를 활용한 사업을 매우 활발하게 추진하고 있습니다. 인근 부산의 경우 다양한 폐교 활용 우수사례로 알려지면서 전국 각 기관단체에서 벤치마킹을 하고 있습니다.

현재 지방교육재정알리미 자료를 보면 우리 울산의 경우에는 폐교 16곳 중 10곳은 자체 활용, 3곳은 임대 중이나, 삼광분교, 미호분교, 향산초 등 3곳은 아직 활용되지 못하고 있습니다. 우리 울산도 갤러리, 자연체험관 등 자체 활용을 잘 하고 있지만 향후 이러한 폐교가 더 늘어난다고 보면 좀 더 종합적이고 전면적인 검토가 필요한 시점입니다. 전국 지자체의 폐교 활용 추이를 보면 울산은 42%로 꽤 낮은 편입니다.

노옥희 교육감께서도 이 점을 잘 파악하고 계시고 인수위에서도 첨단산업관이나 교육사박물관 등 활용안을 가지고 계신 것 같습니다만, 현재 울산이 당면한 각종 문제나 최근 정부의 문화예술교육 강화 추세로 볼 때 좀 더 전향적인 접근이 필요해 보입니다. 여기에 미래를 내다보는 창의교육, 즉 4차 산업혁명 시대에 필요한 메이커스페이스 영역까지 포함한다면 가장 이상적이지 않나 싶습니다.

폐교 활용방안에 대해 몇 가지 제언을 드리면 첫째, 울산의 인문예술 전공 청년들이 퇴직자나 노령자를 위해 문화예술교육을 함으로써 퇴직자 노령자의 삶의 질을 높임은 물론 청년들에게 일자리와 창업 기회를 줄 수 있다고 생각합니다. 둘째, 메이커스페이스를 구축하여 청소년들에게는 창의교육을 하고 전문 퇴직자에게는 강사교육을 하여 인생 이모작의 기회를 제공할 수 있는 공간으로 활용되길 바랍니다. 더욱이 청소년에서부터 노령자까지 서로 주고받을 수 있는 어울림의 공간입니다. 이러한 세대 어울림 공간은 상상 이상의 효과가 있습니다. 이것이 성공하려면 모든 세대가 와서 즐겁게 배울 수 있어야 합니다. 그러면 자연스럽게 이미 알고 있는 것이나 배웠던 것을 서로 알려줄 수 있고, 이 과정에서 진로교육과 인성교육이 이루어지고, 일자리와 창업 기회가 생길 수 있습니다. 이 두 가지는 모두 상상과 창의성을 바탕으로 합니다.

지난주 서울시에서는 '우리가 만들면 미래다'라는 주제로 학생, 학부모, 교원 등 1만여 명이 참석한 가운데 '2018서울학생메이커괴짜축제'를 처음 개최하였습니다. 전시관에서는 서울 학생 및 시민들에게 메이커 문화를 소개하고 관람객이 메이커 문화를 즐겁게 체험하는 활동으로 학교 동아리, 기업, 유관 기관이 27개 부스에서 DIY KART, 미니 자동차 만들기, 드론, VR 등 16개의 프로그램을 운영하였습니다. 또한, "확실한 미래를 위한 교육의 도전, 메이커 교육", "4차 산업혁명 시대의 인재와 메이커 교육" 등의 주제로 교원 및 시민을 대상으로 강연회도 열렸습니다. 축제는 첫해지만 메이커스페이스를 위한 교육은 수년 동안 되어왔으며 지금도 현재 진행 중이라고 합니다.

울산에도 울산대학교와 유니스트 등의 대학들이 있고, 능력과 경험이 있는 다양한 사회적 기업과 인적자원들이 있습니다. 이들이 울산을 위해서 사회적 가치를 실현할 수 있도록 이러한 공간을 활용할 필요가 있다고 생각합니다. 교육청에서 고심하고 있는 폐교 활용방안 문제도 해결하고 시범 사업이 성공한다면 더 큰 규모의 정부 국책사업을 유치할 수 있다는 기대감도 생깁니다. 학생 수 감소로 어쩔 수 없이 발생되거나 교육 정책상 폐교가 되더라도 지자체마다 폐교를 활용하는 것이 최근 추세인 만큼 교육청의 폐교 활용의지에 따라 울산 시민들에게 문화적 공간과 인생 이모작의 기회를 주어 일자리 창출의 공간으로 되돌려 줄 수 있을 것으로 기대합니다. 끝까지 경청해 주셔서 고맙습니다.

삼산동 공영주차장 증축의 필요성

2019. 4. 10.(수), 10:30
제203회 임시회 제2차 본회의 5분 자유발언

사랑하는 120만 울산시민 여러분, 그리고 황세영 의장님과 동료의원 여러분 반갑습니다. 송철호 시장님과 노옥희 교육감님을 비롯한 관계공무원 여러분, 노고에 항상 감사드립니다. 이미영 의원입니다.

어느새 벚꽃 눈이 날리는 완연한 봄입니다. 따뜻한 봄기운과 함께 울산시민들의 삶도 행복지수가 높아지길 기원드리며 삼산동 평창현대아파트 앞 공영주차장 증축에 관해 5분 발언하고자 합니다.

지난 5일 '송철호 울산시장과 남구민과의 공감대화'의 장이 마련되어 시장님은 남 구민들의 다양한 건의 사항을 청취. 답변하는 대화의 시간을 가졌습니다. 본의원도 남구 제3선거가 지역구라 주민들의 소리를 함께 듣고자 참석하였습니다. 많은 건의와 답변 속에 '주차장' 부분이 화두로 제일 많이 등장하였고 남구의원을 할 때도 오랫동안 주

누구를 위해 투표할 것인가

민들의 숙원 사업이었던 삼산동 평창현대 쪽 공영주차장 건은 민원을 듣는 내내 주민들께 죄송한 마음마저 들었습니다.

점심과 저녁 시간에 만성적인 교통혼잡이 벌어지고 주차 대기 시간이 30분씩이나 걸리는 삼산동 평창현대 앞 공영주차장 현대화 사업은 오랜 세월에 걸쳐 많은 화두가 되었지만 실제 아무런 조치 없이 수년이 지나다 보니 구청장 등 선거 때 공허하게 흘리는 공약에만 그친다고 인식이 되어 주민들에게 많은 불신마저 주고 있는 것 같습니다.

그나마 다행인 것이 이번에 울산시가 삼산동 평창현대 앞 공영주차장 입체화 추진을 위해 주차 실태 분석과 장래 수요를 감안한 적정 주차장 공급 규모를 설정하는 입체화 타당성 검토를 위한 착수보고회를 가지고 올해 10월까지 공영주차장 입체화 타당성을 검토하여 추진할 예정이라는 것입니다.

상가 밀집 지역으로 상인들과 삼산동 시내를 찾는 시민들의 지속적인 주차장 확충 요구가 빗발치고 특히 주차장이 도심 상업지역 중심에 위치해 교통혼잡이 가중되고 안전한 보행로 확보 등 각종 민원이 지속적으로 발생하고 있는 지역이기에 주차장 입체화는 빠르면 빠를수록 좋은 상황입니다.

관할 자치구에서 주택가의 주차 수급율이 낮은 지역에 평면으로 운영 중인 공용주차장을 입체화하여 토지이용을 효율화하고 지역단위 주차난을 해소하고자 하는 것이 주차장 입체화이기에 울산시는 이번 타당성 검토 용역을 통해 사업대상지 일원 일반 현황 분석, 주차 실태 현황 분석, 장래 주차 수요 예측(2049년), 관련 법규 및 주차장 입체화 유사사례 검토, 입체화 타당성 분석 등을 실시하고 있는 걸로 알고 있습니다.

현재 삼산동 평창현대 앞 공영주차장은 240면에 불과해 이번 주차장 입체화를 통해 크게 늘린다는 계획이며 또 주차장을 공원과 어우러진 시민 공간으로 활용할 수 있는 방안도 검토한다고 하니 수년간 매번 용역만 하고 실제 사업이 이루어지지 않는 어처구니 일이 일어나지 않길 바랍니다.

이 지역 관할청인 남구청에서는 주차난 해소와 불법 주정차 문제 해결은 물론 침체된 울산지역 경제 활성화 등 대형업체와 지역 상권의 상생을 위한 노력에 최선을 다하겠다는 기치 아래 백화점의 주차장 야간 개방과 노상주차장 확보 등의 노력을 해왔으나 지금 삼산동은 주차난 등 환경요건에 맞는 주차장을 갖추지 못하고 주차난에 몸살을 앓고 있습니다.

삼산동은 불과 몇 년 전까지만 해도 유동인구 전국 Top 10, 유흥

　　　　　　　　　누구를 위해 투표할 것인가

주점 점유율 1위 등 상권을 이끌어가는 지역으로 전국에서 울산시를 대표하고 있었으나 수요만큼 따라 주지 않는 주차 환경이 결국 지금의 상권침체를 불러온 것입니다. 울산의 경제 활성화를 위해 적극적인 개발 노력으로 디자인 거리, 예술의 거리 등 지역상가 활성화 정책을 펼쳐나가도 고객 유치와 문화예술의 여유를 즐기기 위해서는 주차 서비스는 필수조건입니다. 간단한 모임에서도 식사 장소 잡을 때 '주차'가 편한 곳인지를 먼저 생각하고 약속을 잡는 시절인 것입니다.

그렇기에 전국에서도 상권 형성 상위 지역인 삼산동 평창현대 공영주차장은 지금의 240면이 아니라 당초 공사 시 검토의견이었던 추가 주차장 증축의 필요성과 남구청 수요조사 250면 추가 증축을 기준 삼아 이제라도 최대한 빠른 시간 안에 주차장이 확장되어야 합니다.

현재 시의 교통 정책 기조 중 '차량 억제' 부분도 있기에 무작정 증축할 수 없다는 입장이 있는 것도 알고 있습니다. 하지만, 삼산동을 상가 지역으로 계획을 조성한 만큼 주차장계획 또한 함께 해결해야 할 문제입니다. 만들어 놓고 한치 앞을 못 보고 제대로 사업하지 못한 세월이 너무나 길었습니다. 늦은 감이 있지만 이번 집행부에서 실질적인 현장 목소리를 듣고 수요조사 하시어 제대로 해결해 나가는 시정을 펼쳐주시길 기대합니다. 끝까지 경청해 주셔서 고맙습니다.

환경을 위한 재활용품 처리방안 마련 촉구

2019. 10. 22.(화), 10:00
제208회 임시회 제2차 본회의 5분 자유발언

사랑하는 울산시민 여러분 그리고, 존경하는 황세영 의장님과 선배 동료의원 여러분 반갑습니다. 울산발전의 중심에 계신 송철호 시장님과 노옥희 교육감님 관계공무원 여러분, 노고에 감사드립니다. 무거. 삼호지역구 교육위원회 이미영 의원입니다.

지난 208회 임시회 1차 본회의에서 본의원이 제언했던 '기후 변화 에너지 대안 환경 교육센터'를 함께 고민하고 빠르게 추진해 주신 송철호 시장님과 노옥희 교육감님께 고마움을 전합니다. 진심으로 감사드립니다.

돌이켜보면, 지난 2년 울산으로선 어느 때보다 어렵고 힘든 시기였습니다. 그리고 여전히 지금도 고난의 강을 건너고 있습니다. 울산의 주력산업은 침체에 빠지면서 실업과 실직을 동반한 고통의 쓰나미가 밀려들고 있습니다. 구조조정의 여파가 어디까지 미칠지 가늠할 수 없는 냉혹한 현실입니다. 수출은 지속적으로 감소하여 최근 수출 1위 도시에서 4위로 전락했다는 성적표를 받아 들었습니다. 활력을 잃은 생산 현장에서는 산업재해가 끊이지 않고 출산율은 떨어지고 인구도 감소 추세를 보이고 가계 경제도 먹구름이 끼었습니다.

반구대 암각화와 보존방안은 다시 제자리걸음을 하게 되었고 국립산재모병원과 국립산업기술박물관 사업도 더딘 발걸음을 하고 있습니다. 시립미술관 건립과 영남 알프스 케이블카 건설 사업도 조금 더 속도감 있게 추진해야 할 것입니다. 분명 울산은 위기입니다.
　…(중략)…

여러분, 지금 현재의 이야기 같은지요? 이 발언은 2016년 7월 4일 179회 임시회 의장 개회사에서 일부 발췌한 내용입니다. 산업도시의 위상으로 버텨오던 울산이 전 세계적인 경기 침체에 그 체감이 현재 더 크게 느껴질 뿐 2016년도에 벌써 2년 전이라면 2014년도에도 우리 울산은 정말 어려웠습니다. 수출 1위 도시에서 4위 도시로 전락한 것도 2016년입니다.

2017년 기사에서는 울산 수출 사상 첫 5위 추락, 우리나라 수출은 증가, 울산만 감소라는 헤드라인도 있습니다. 하지만, 참 신기한 것은 이렇게 지속적인 경기 침체와 어려운 상황에서도 당시 김 시장에 대한

여론조사는 연속 1위를 달리고 있었지요. 여론조사 1위를 달렸음에
도 이번 시장 선거에서 송철호 시장님이 당선된 것은 우리 울산의 시
정을 바로 잡으라는 울산시민 여러분들의 준엄한 명령인 것입니다.

2019년 4월 보도 자료에 의하면 전 세계가 경기 침체 상황이라 우
리나라 전체 수출이 전년 동월 대비 8.2% 감소한 가운데 세종(39.6%),
울산(12.5%), 강원(1.3%)을 제외한 나머지 지자체의 수출이 일제히 감
소 되었습니다.

수년 동안 이어 져온 경기 침체와 불황으로 아무리 열심히 뛰어도
누구처럼 연속 1위가 아니라 최하위라고 불리움에도 불구하고 7개의
성장 다리를 중심으로 울산시민을 위해 울산발전을 위해 활력을 불
어넣기 위해 얼굴이 까맣게 타도록 뛰고 계신 송철호 시장님의 노고
에 시민의 한 사람으로 다시 한번 더 고개 숙여 감사드리며 5분 발언
이어가도록 하겠습니다.

본의원이 '기후 변화 에너지 대안 환경 교육센터'를 제언한 것은 환
경파괴로 인한 이상기후로 지구 대멸종 6번째 주인공인 인류다? 라고
전 세계인들이 환경에 대한 인식개선을 통해 환경보전을 해야 하는
필연성 때문입니다.

EBS 다큐프라임 3부작으로 다뤄졌던 〈인류세〉는 환경과 관련된
세금이 아니라 인류가 지구 환경에 큰 영향을 준 현재의 지질학적 시

기를 의미하는 새로운 지질시대의 용어입니다. 결론부터 말하면 인류세의 시작은 인간의 최후를 뜻합니다. 현재는 〈홀로세〉로 약 1만 년 전 시작되어 가까운 미래를 포함한 현재의 지질시대를 일컫습니다.

홀로세에선 지구 대멸종 5번째가 일어나 6,500만 년 전, 지구의 주인이었던 공룡을 포함한 76%의 종이 사라졌습니다. 인류세에서 학자들은 인간의 환경파괴로 인간을 포함한 대멸종이 발생할 것으로 봅니다.

인류세가 오지 않도록 하기 위해 생활 속에서 작은 실천으로 분리수거 및 플라스틱 줄이기는 매우 중요합니다. 물론 각 가정에선 분리수거를 잘 할 것입니다. 우리나라는 독일과 함께 세계에서 분리수거를 잘하는 나라입니다. 하지만, 제대로 된 분리수거가 되지 않아 재활용이 되지 않는 데 문제가 있습니다.

페트병만 하더라도 라벨을 분리해서 버려야 재활용이 되지 그렇지 않으면 일반 쓰레기나 다름없이 처리됩니다. 송철호 시장께서 시정을 시작한 후 주택에도 주황색 비닐분리수거망을 설치해서 그나마 주택의 분리수거가 용이해졌습니다만 속도를 좀 더 내어 주시길 기대합니다. 그리고, 각 가정에서 어렵게 분리수거한 것을 청소용역업체에서 제대로 재활용하는 시스템을 구축할 것을 촉구합니다.

이상 5분 발언을 마치겠습니다. 끝까지 경청해 주셔서 감사드립니다.

여성건강정책 차원으로 생리대 공공지원정책 제언

2019. 12. 13.(금), 10:00
제209회 임시회 제3차 본회의 5분 자유발언

사랑하는 120만 울산시민 여러분, 그리고 황세영 의장님과 동료의
원 여러분 반갑습니다. 울산발전의 중심에 계신 송철호 시장님과 노
옥희 교육감님을 비롯한 관계공무원 여러분, 노고에 항상 감사드립니
다. 이미영 의원입니다.

여성 10명 중 8명이 당황스러웠던 그것?! 그것이 무엇인지 혹시 아
시겠습니까? 필요할 때 없어서 당황한 적이 있다고 답한 그 물건. 다
름 아닌 생리대입니다.

오늘 본 의원은 호응도 높은 여성건강정책으로 확대되고 있는 생리
대 공공지원정책의 추진 현황에 대해 말씀드리고 몇 가지 제언에 대
해 5분 자유발언을 하고자 합니다.

누구를 위해 투표할 것인가

2016년 생리대 살 돈이 없어 신발 깔창과 휴지, 수건 등으로 대체했다는 어느 여학생의 짧은 댓글 한 줄이 OECD 국가 대한민국의 민낯을 드러나게 만들었습니다. 이른바 깔창생리대 사연으로 전국은 충격에 휩싸인 바 있습니다. 이에 서울을 비롯한 지자체들은 2016년 저소득층의 여성 청소년들에게 생리대 공공지원을 위한 조례 개정과 지원 사업을 추진해 왔습니다. 그동안 한 달에 한 번 마법이라 불리며 여성의 개인적인 터부로 치부해 정책 영역에서 벗어나 있었던 부분을 이후 2018년 청소년복지 지원법상의 근거 마련을 통해 국비 사업으로 추진하고 있습니다.

깔창생리대 사연으로 생리 관련 정책은 저소득층 여성 청소년 생리대 공공지원을 넘어 한 달에 5일, 일생에서는 5~6년인 이 기간을 여성들이 건강하고 안전하며 자유롭게 보낼 수 있는 호응도 높은 여성보건 및 건강 관련 소확행 정책으로 확대 실시되고 있습니다.

서울시의 경우 2018년 공공시설 10개소에 비상용 생리대 무료 자판기를 설치하는 시범 사업을 거쳐 2019년부터는 공공기관 화장실 전체 1,685개소에 5개년에 설치 운영 사업을 추진해 큰 호응을 얻고 있습니다. 스마트서울 앱을 통해 비치 기관을 쉽게 찾을 수 있도록 하는 등 이용상의 편리성도 고려하는 세심한 정책을 펴고 있습니다. 이에 공공행정 분야 최고의 권위를 자랑하는 2019년 유엔공공행정상을 수상하였고 이러한 정책은 강릉시에서도 실시되고 있습니다.

기초지자체에서는 여주시가 전국 최초로 여주시 여성 청소년 위생용품 지원조례를 제정하였습니다. 만 11세 이상 18세 이하 관내 여성 청소년 전원에게 월 1만 500원의 위생용품, 위생물품 이용권을, 이용권 지급을 준비하고 있습니다. 서울시의회도 의원 발의로 7월 여성 청소년들에게 보편복지로 생리대 지급을 위한 조례를 상정해 추진하고 있습니다.

이에 본 의원은 울산시에서도 여성, 울산의 여성 청소년들이 건강하고 안전하며 자유롭게 소확행할 수 있도록 공공기관의 화장실 생리대 무료 자판기 설치 사업을 적극적으로 검토해 주실 것을 제안드립니다.

한 지자체의 조사 결과에 따르면 생리대를 준비하지 못해 곤란한 경험을 한 적이 있다는 응답이 84.9%입니다. 여성의 다수가 갑작스러운 생리로 인한 고충을 겪고 있어 긴급한 경우를 대비한 비상용 생리대 공공기관 화장실 비치는 소확행 행정의 대표적인 사례라 해도 과언이 아닙니다. 시민 의견 수렴에서도 온라인토론장의 전체 응답자 1,475명 중 92%(1,350명)가 무료 생리대 자판기 설치에 찬성하였습니다.

분실과 과잉 사용에 대한 우려가 있는 것 잘 알고 있습니다. 공중화장실 화장지 비치 정책 도입 시에도 같은 우려가 제기되었지만 높

누구를 위해 투표할 것인가

은 시민의식은 이러한 우려를 불식시키기에 충분하였습니다. 비상용 생리대 공공기관 화장실 비치 정책 추진을 위해 울산시 조례를 분석하던 중 지금까지 울산시의 여성정책이 얼마나 뒤로 밀려는지 확인할 수 있었습니다. 울산 여성건강 정책을 위한 조례 개정도 제언 드리겠습니다.

구체적인 내용으로는 구군지 자체에서도 성평등, 양성평등 조례에서도 담고 있는 여성의 건강증진 조항이 필요합니다. 17개 시도와 각 구군 성평등조례에서 이 내용을 담지 않은 곳이 몇 안 되는데 유독 울산시와 북구, 울주군을 제외한 나머지 구에서 전혀 다뤄지고 있지 않습니다. 그 오랜 세월 동안 양성평등기본법과 여성 관련 법령에 따라 정치, 경제, 사회, 문화 모든 영역에서 차별철폐와 여성의 권익증진 및 사회참여 확대라는 부분들이 울산에서는 얼마나 형식적인 행정이 이루어지고 있었는지 짐작할 수 있습니다.

여성들이 건강하고 안전하며 자유롭게 보낼 수 있는 호응도 높은 여성보건 및 건강 관련 소확행 정책의 하나인 긴급한 경우를 대비한 비상용 생리대 공공기관 화장실 비치에 대해 울산시의 적극적인 검토와 조속한 추진을 당부드리며 이상 5분 발언을 마치겠습니다. 끝까지 경청해 주서서 감사드립니다.

지역 내 소비 활성화를 위한 소비환경조성 제언

2020. 2. 11.(화), 10:00
제210회 임시회 제1차 본회의 5분 자유발언

사랑하는 울산시민 여러분, 그리고 존경하는 황세영 의장님과 선배 동료의원 여러분 반갑습니다. 울산발전의 중심에 계신 송철호 시장님과 노옥희 교육감님 관계 공무원 여러분 노고에 깊이 감사드립니다.

특히 요즘 나라 안팎으로 유행하는 신종코로나 대처를 위해 백방으로 신경 쓰느라 그 어느 때 보다 관계자분들의 고생이 많은 것 같습니다. 덕분에 우리 울산시민분들뿐만 아니라 우리나라가 전체가 이번 재해에서 안전하게 보호되리라 기대하고 있습니다. 교육위원회 이미영 의원입니다.

'노잼도시'라는 단어를 들어 보신 적 있으십니까? 재미가 없는 도시를 줄여서 부르는 이 단어는 처음엔 대전에는 유명한 곳이 모 빵집밖에 없어서 친구나 손님이 와도 재미가 없다는 것을 자조적으로 말

누구를 위해 투표할 것인가

한 것에서 시작했지만 어느 순간 많은 사람들이 크게 공감해 널리 퍼진 뒤 '노잼도시'의 순위를 매기기까지 할 정도로 인기를 얻고 있는 단어입니다. 여기서 우리 울산의 순위는 2위를 할 정도로 우리 시의 대외적인 인식이 저하되어 있습니다. 왜 그럴까요? 바로 소비환경이 제대로 조성되지 않아서입니다.

7개 광역시 중 지난해 지역 내 총생산에서 민간소비가 차지하는 비중은 대구가 76.1%로 가장 높고 다음으로 광주 68.4% 가까운 부산도 66.7%로였으나 우리 울산의 경우 민간소비 비중이 25.6%로 가장 낮았습니다. 울산이 공업 및 수출 중심도시의 특성을 보유하고 있어 상대적으로 순 수출 비중이 높아 기인한 것이라 볼 수 있지만 다른 도시보다 지역에서 민간소비는 확실히 낮음을 알 수 있습니다. 전체 1, 2위를 다투는 소득 높은 우리 울산시민들이 우리 지역 울산 안에서 소비를 활성화할 필요가 있습니다. 본의원은 소비자 중심의 소비환경 조성에 대해 제도적 측면에서 제언을 드리고자 합니다.

헌법 제124조에서 보장하는 우리나라 소비자 운동은 기업과 정부로부터 소외된 소비자의 권리를 찾기 위해 소비자들이 자발적으로 시작한 지 60년이 넘어 나름 체계가 잡혀 있지만 상대적으로 역사가 짧은 자치 행정에서는 보완해 나가야 할 부분이 많습니다. 특히 우리 울산시는 다른 대부분의 지자체에 있는 소비자 기본조례 하나 없이 지역 소비자의 문제들을 소비자 단체에만 의존하고 있는 실정입니다.

이를 해결하기 위해서 먼저 소비자 행정서비스와 융합된 사회복지 서비스 이행과 이를 위한 다양한 교육 체계를 구축해야 합니다. 소비와 경제, 복지는 떼려야 뗄 수 없습니다. 과거의 복지서비스는 특정 층을 대상으로 한 선별적 복지였으나 앞으로는 전 국민을 대상으로 한 보편적 복지서비스의 관점에서 실행되어야 합니다. 특히 초고령화를 앞두고 정부와 지방정부는 많은 관심을 기울여 어르신들이 보편적 복지 체계 안에서 활용할 수 있는 다양한 정책을 개발하여 펼쳐야 합니다.

또한, 대상에 따라 '생애주기별 소비자 교육 전문가'를 양성해 건전한 소비를 유도하는 활동이 강화되어야 합니다. 아동 청소년기부터 신용의 중요성을 인지할 수 있는 생애주기별 대상교육과 초고령화 시대, 100세 시대에 맞는 경제교육을 실행해야 합니다.

다음으로, 소비자 권익증진을 위한 소비자행정서비스의 기초자치단체 차원으로의 확대입니다. 정부가 지방소비자 행정의 활성화를 위해 2001년부터 전구 시도를 중심으로 소비자 생활센터를 설립 추진하고 2005년부터 지방소비자행정 평가 제도를 도입해 지방소비자 행정의 기반과 업무에 대한 평가를 진행해 왔지만 대중매체들은 관련 조직이나 인력, 서비스 수준이 미흡하다는 평가를 하고 있습니다. 아주 간단한 예로 전통시장과 소상공인 활성화를 행정에서도 외치지만 울산의 큰 전통시장이 소비자를 위해 퀵 서비스나 배달서비스 사업을 정부나 관계기관에 신청해도 전혀 나 몰라라 하는 것 또한 행정의 한 단면입니다.

마지막으로, 변화하는 소비자 중심의 패러다임에 발맞추어 울산시에서도 늦었지만 소비자기본법에 따른 소비자 기본조례의 제정이 필요합니다. 소비자 상담, 정보제공, 소비자 교육 등 지역 현안을 토대로 지역 밀착형이자 소비자 친화적인 행정을 펼칠 수 있도록 해야 합니다.

물론 지금도 울산시에는 소비자센터 운영 등에 관한 조례는 있지만 소비자기본법의 아주 일부분만을 담당하고 있습니다. 울산이 소비하기 좋은 도시라는 인식을 얻기 위해서 기본 조례부터 다시 살펴야 한다고 생각합니다.

현재 우리 정부의 소득주도 성장론에 발맞추어 건강한 소비환경을 조성하여 지역에서 돈이 돌게 되면 투자가 늘어나고 도시가 크게 발전하게 되고 자연스레 노잼도시에서 이름이 지워지게 될 것입니다. 이를 위해 무엇보다 의회와 집행부의 협업이 필요한 시기입니다. 이상 5분 발언을 마치겠습니다. 끝까지 경청해 주셔서 고맙습니다.

코로나19 사태로 본 공공의료 부재에 대한 제언

2020. 3. 26.(목), 10:00
제211회 임시회 제2차 본회의 5분 자유발언

사랑하는 울산시민 여러분, 그리고 존경하는 황세영 의장님과 선배 동료의원 여러분 반갑습니다. 울산발전의 중심에 계신 송철호 시장님과 노옥희 교육감님 관계 공무원 여러분, 노고에 깊이 감사드립니다. 교육위원회 이미영 의원입니다.

요즘 나라 안팎으로 유행하는 신종 코로나 대처를 위해 백방으로 신경 쓰느라 그 어느 때보다 관계자분들이 고생이 많습니다. 덕분에 우리 울산시민뿐 아니라 우리나라 전체가 이번 재해에서 안전하게 보호되리라 기대하고 있습니다.

TV와 신문, 인터넷 게시판 등 온통 코로나19로 난리입니다. 나라에서는 학생들의 개학도 연기시키고 교회의 예배, 법당의 법회, 성당의 미사 등 종교 활동도 자제를 권고하고, 지자체장들은 집회 허가도

누구를 위해 투표할 것인가

잘 내주지 않을뿐더러 스포츠 경기는 관중 없이 진행하기도 합니다. 사람이 직접 가서 물건을 사거나 밥을 먹는 곳들은 대부분 손님이 줄었고 마스크도 평상시보다 2~3배 오른 가격으로도 구매가 힘들어 구매행렬이 길게 이어져 우선 필요한 사람에게 보건용 마스크 양보하기 캠페인까지 하며 면 마스크 착용을 권장하고 있습니다. 총선 예비후보들은 자신을 알리고 정책을 홍보하고 선거 운동을 해야 할 서기에 졸지에 지역 방역원이 되기도 하는 웃지 못할 일들이 일어나고 있습니다.

그런데 해외로 눈을 돌려보면 상황은 점점 더 심각해지고 있습니다. 1968년 백만여 명의 사망자를 낸 홍콩 독감과 2009년 멕시코에서 발생하여 한국에도 80만 명 이상 감염과 270명이 사망한 신종플루 이후 세계보건기구(WHO)는 이번 중국에서 발생한 코로나19에 대해서도 세계적으로 대유행하니 국제적 공조가 필요하다는 뜻의 팬데믹을 선언하였습니다. 이에 발맞추어 세계 각국의 수뇌부는 전시에 버금가는 상황으로 코로나19에 대응하기 시작했고 각 나라의 금융, 주식시장은 연일 불안정한 곡선을 그리고 있으며 어떤 나라들의 마트에서는 생필품들이 동나기 시작했습니다.

그런데 이 병의 증상을 보면 그냥 독감이랑 비슷해 보입니다. 일단 이름부터 코로나바이러스, 분명 독감 바이러스의 일종입니다. 게다가 치사율도 높지 않아 보이고 실제로 완치한 사람들도 상당히 나왔고 우리나라의 경우 특정 종교인들만 아니었다면 크게 환자도 발생하지 않았지 싶고 어차피 매년 유행하는 독감처럼 시간이 지나면 사그라들 텐데 그냥 일상생활을 하는 것이 낫지 않은가 하는 의문점도 가질 수 있습니다.

하지만 이번 코로나19는 단순 독감보다 전염력이 수배는 강해 퍼지는 속도와 감염력이 차원이 다른 점에 있습니다. 바이러스의 동선을 막지 못해 대량 감염 사태가 일어나면 가장 먼저 국가의 면역체계인 의료 시스템이 마비됩니다. 병원, 병실, 의사, 의료 장비 등이 감당할 수 있는 환자의 수는 한정되어 있고 갑작스레 늘어난 환자로 의료진의 감염도 일어날 가능성이 커집니다. 의료진 감염으로 의료진 부족 혹은 병원 폐쇄 상황 발생 시 단순 치료만 받으면 호전될 수 있는 환자들이 병실이 없어 혹은 병원이 마비돼서 상황이 악화되거나 목숨을 잃을 수도 있습니다.

또한 코로나19는 단순 독감보다 치사율이 상당히 높습니다. 독감의 치사율이 평균 0.1% 미만인데 제일 상황이 좋은 한국조차 0.9%의 치사율을 보이고 있고 WHO 평균은 3%대이고 무려 8%대에 육박하는 치사율을 보이고 있는 인도네시아도 있습니다. 이런 무서운 현상을 단순하게 봤다가 상태가 최악으로 치닫게 되어 끔찍하게도 누구를 살려야 지 결정을 내려야 할 상황까지 갈 수도 있는 것입니다.

누구를 위해 투표할 것인가

3월 23일 기준 7,614명의 확진자로 우리나라 전체 확진자의 84%를 차지는 하는 대구. 경북과 바로 접경임에도 우리 울산은 어제 기준으로 37명 확진자로 코로나19 확산 방지를 위한 지대한 노력을 엿볼 수 있습니다. 하지만, 제대로 된 의료 환경이 구축되지 않으면 그 어떠한 노력도 통하지 않는 상황을 맞게 될 것입니다.

이번 코로나19 사태에서 울산시는 공공병원이 없어서 감염병 환자를 치료할 의료기관 마련에 상당히 애를 먹었습니다. 그리고 감염병 관리 체계 마련과 역학조사관 확충, 선별진료소에 근무할 인력 마련 등 의료기반 구축이 제대로 되지 않아 힘든 점이 여실히 드러났습니다. 이번 경험을 교훈으로 삼아 감염병 관리 기반을 마련해야 합니다. 그 근본적 대책으로 시민 건강과에 업무 특성과 형평성 전문성을 고려한 간호직 우선 배치와 현재 보건 단수정원을 복수화로 변경하고 울산형 공공의료원 설립을 제안합니다.

7대 광역시 중에서 연령표준화 사망률 1위, 응급 의학 전문의 수 꼴찌, 중환자 병상 수 꼴찌, 격리 병상 수 꼴찌, 중증질환을 치료할 수 있는 상급 병원 부족, 감염병 전담병원 부재, 의료인력 부족, 이것이 현재 울산 의료의 모습입니다. 대구. 경북의 코로나19 상황이 울산에서 일어났다면 하는 상상도 하기 싫습니다. 직원의 한마디가 뇌리에 남습니다. "울산은 온 도시가 마비될 것입니다."

의료문제점 개선을 위해서는 공공의료 체계 마련 등 종합적인 의료 정책을 만들어야 합니다. 그리고 그 정책을 수행할 울산형 공공의료원이 필요합니다. 일각에서는 지금 추진되고 있는 울산 산재공공병원에 울산시민들에게 필요한 의료기능을 일부 보강하자고 하지만 울산 산재공공병원은 산재환자들의 재활 치료 및 장기요양을 위한 특수목적병원으로써 성격이 강해 종합적이고 일반적인 공공의료 서비스 제공과 의료 정책을 실행하기에는 한계가 큽니다. 산재병원은 재활의학과와 직업환경의학과 등 산재 관련 위주로 의료진이 구성되며 병상당 의사 수도 의료원에 비해서 많이 적습니다. 또, 산재병원은 산재 기금으로 운영되는 노동부 상하 병원으로써 복지부의 보건의료정책을 수행하기가 현실적으로 쉽지 않습니다. 역학조사관 등 필수 의료 인프라 확충, 울산시민의 건강지표 개선, 음압격리병상 확충 등 감염병 관리 컨트롤 타워로써 공공의료정책을 수행할 수 있는 울산형 공공의료원을 따로 설립하여야 합니다. 울산시민의 건강한 삶을 위해 꼭 필요한 보건의료의 과제입니다. 이상 5분 자유발언을 마치겠습니다. 끝까지 경청해 주서서 고맙습니다.

누구를 위해 투표할 것인가

무거동 공동주택 신축공사
심의 결과의 부당성에 대하여

2020. 4. 29.(수), 10:00
제212회 임시회 제1차 본회의 5분 자유발언

존경하는 울산시민 여러분, 그리고 황세영 의장님과 선배 동료의원 여러분 반갑습니다. 울산발전의 중심에 계신 송철호 시장님과 노옥희 교육감님 관계 공무원 여러분, 노고에 깊이 감사드립니다. 울산 남구 제3선거구 무거. 삼호지역 이미영 의원입니다.

나라 안팎으로 유행 중인 신종 코로나 확산을 막기 위해 불철주야 노력하시는 시장님을 비롯한 모든 관계자분께 진심으로 고마움을 전합니다. 특히 오늘로 42일째 해외 입국자를 제외한 울산 자체 확진자의 신규 발생이 없는 부분에 대해 울산시민의 한 사람으로서 정말 감사와 존경을 표합니다.

본 의원은 오늘 무거동 공동주택 신축공사 심의에 대한 부당성과 재고요청에 관한 5분 발언을 하고자 합니다. 교통영향평가는 일정 규모 이상의 건축물을 신축, 증축 또는 용도 변경하는 경우나 사업 지역의 주변 가로에 미치는 영향과 동선처리 주차 등과 같이 대량의 교통체증을 유발할 우려가 있는 사업을 시행하는 경우, 당해 사업의 시행으로 인하여 발생할 교통장해 등 각종 교통상의 문제점을 미리 검토·분석하고 이에 대한 대책을 강구하는 것입니다. 도시교통의 원활한 소통과 시민의 쾌적한 통행권을 확보하는 것을 주목적으로 도입되어, 2001년부터는 「환경, 교통, 재해 등에 관한 영향평가법(1999. 12. 31. 제정)」의 규제를 받고 있습니다.

특히, 도시 개발이나 대규모 시설은 사업 승인 전 환경영향평가와 교통영향평가 등 여러 영향평가를 하고 있지만 개발사 없이 완료되어 주민이 입주하고 나면 사전에 이루어진 영향평가가 무색할 정도로 환경에 악영향을 주고, 주변 교통은 심한 정체를 일으키는 일이 반복되고 있습니다. 우리 울산에도 여러 곳에서 이런 일들이 반복되고 있으며 이런 곳들 지나는 많은 시민들은 불편을 속으로 삼키고 지내거나 "누가 이런 곳에 사업 허가를 내줘서 도로가 자기들 것인 양 사용하고 있는 건지 모르겠다." 등의 민원을 넣기도 합니다. 교통정체가 지속되고 다수의 시민과 울산을 찾는 손님을 불편하게 하는 이런 행정과 사업 허가만 끝나면 나 몰라라 하는 업체의 행태에 울산시민의 한 사람으로서 아쉬움을 금할 길이 없습니다. 도대체 누구를 위한 평가인지 궁금할 따름입니다.

누구를 위해 투표할 것인가

교통영향평가는 개발사업자는 물론이거니와 울산시민에게 더더욱 중요한 것입니다. 개발사업자의 입장에서는 대규모 택지개발이나 공동주택단지가 주변 교통에 미치는 영향이 적고 새로 만들어야 하는 도로가 좁고 짧을수록 이익이 클 것입니다. 하지만, 이로 인한 근처 지역 주민들의 불편은 훨씬 크고 교통의 불편으로 무의미하게 허비하는 시간 등 손해는 돈으로 환산하기 어렵습니다.

무거동 공동주택 신축공사가 바로 그런 사업지로 지난주 금요일 건축 조건부 심의까지 마쳤습니다. 번번이 재심의하다 4번째 교통영향평가(이하 교평) 심의 후 약 5개월 만입니다. 4번째 교평까지 간 이유는 그 지역에 39층짜리 주상복합아파트 4개 동이 지어지면 엄청난 교통대란과 주민불편이 예상되었던 것입니다. 하지만. 사업지와는 관계없는 곳의 도로개설과 문제가 없다는 자체 시뮬레이션 자료로 4번째 교평에서 조건부 통과가 되었습니다.

교통 19명, 도시계획 4명, 토목 4명, 건축 5명, 공무원 17명 위원으로 구성된 울산 교통영향평가 심의는 총 49명의 위원 중 9명만 모여도 심의가 열릴 수 있고 그중 5명의 찬성만 있어도 심의가 통과되는 곳이 바로 울산광역시입니다. 물론 많은 지자체들 중에서도 이런 말도 안 되는 교평을 하는 곳이 있기에 '교통영향평가 심의보류', '재건축, 재개발 지역 진입로 교통영향평가 질타', '**백화점 편법과 반칙으로 교평 우회돌파' 등의 제목으로 언론을 장식하기도 합니다.

무거동 공동주택 신축공사 1차 교평 심의는 주변 가로 및 교차로, 진출입동선, 대중교통 및 보행, 주차, 교통안전 및 기타 등 총 10가지 보완 내용을 가지고 재심의가 결정 났으나 4차 회의 때는 제일 중요한 지점인 신복로 147번길~사업지 간 진출입로에 대한 도로 확폭 등 개선내용에 대한 부분이 빠진 상태로 심의 되었습니다. 전혀 문제 해결방안이 마련되지 않았음에도 말입니다.

일반 상업지역의 100세대 주택을 매입해 용적율 800%에 달하는 600세대의 주상복합아파트가 지어지는 사업지의 주도로는 출퇴근 시 약 280m 차량이 정체되는 왕복 2차선 구간으로 평상시도 상습정체 민원지입니다. 이런 곳에 어떻게 어떻게 진출입로도 제대로 확보하지 못하는 교평이 이루어질 수 있는지 도무지 이해할 수가 없습니다. 담당과는 당연직으로 참석은 하지만 모두 전문가들이라 입도 뻥긋 못한다고 말합니다. 왜 담당과가 존재하고 왜 교평을 하는지 알 수가 없습니다. 유명무실하다는 것입니다.

공사가 시작되면 지금도 280m씩 정체가 되는 하나뿐인 진입로로 다량의 공해를 유발하는 공사트럭이 수시로 이동할 수 밖에 없는 상황입니다. 주상복합이 지어지면 바로 옆 일반 주택지는 조망권, 일조권은 물론이고 엄청난 교통 대란 속에 고통을 받게 되는 상황으로 벌써부터 많은 민원이 제기되고 있습니다.

　　　　　　　　　　　누구를 위해 투표할 것인가

이에 집행부의 특단의 조치로 교통영향평가 재심의로 진출입로 확보를 요구합니다. 지역 상황을 제대로 이해하지 못하는 당연직 공무원이나 전문가가 아닌 지역을 제대로 이해하고 교통영향평가의 실질적 목적에 맞게 심의할 수 있는 구성원이 참여한 가운데 재심의 할 수 있도록 조치해 주시길 강력히 요구합니다. 울산시 교통영향평가는 보다 책임 있는 자세로 정확한 예측과 분석을 통해 신뢰도 높은 영향평가 결과를 도출해야 합니다. 이에 본 의원은 교통영향평가에 따른 사후평가를 위한 조례 제정도 함께 촉구합니다. 이상 5분 발언을 마치겠습니다. 끝까지 경청해 주셔서 감사합니다. 고맙습니다.

스쿨존 보강으로 우리 아이들의
안전한 통학로 확보를 위한 제언

2020. 6. 8.(월), 10:00
제213회 정례회 제1차 본회의 5분 자유발언

존경하는 울산시민 여러분, 그리고 황세영 의장님과 선배 동료의원 여러분 반갑습니다. 울산발전의 중심에 계신 송철호 시장님과 노옥희 교육감님 관계 공무원 여러분, 노고에 깊이 감사드립니다. 교육위원회 이미영 의원입니다.

'울산 경제자유구역' 지정을 진심으로 축하하고 환영합니다.

본 의원은 민식이법이라 알려진 '도로교통법 개정'에 발맞추어 울산 지역 내 스쿨존 등에 대한 빠른 개선과 정비로 우리 아이들의 교통사고 제로(Zero)를 위한 안전한 통학로 확보를 촉구하며 5분 발언을 하고자 합니다.

2019년 울산광역시 어린이보호구역 교통안전강화대책 자료를 보면 최근 5년간 울산 어린이 전체 교통사고는 전반적으로 감소 추세지만 안타깝게도 지난해 어린이 교통사고는 증가하였으며 특히, 스쿨존 어린이 교통사고가 급증하여 사망사고까지 발생하였습니다.

최근 한 방송국에서 보도한 내용에는 어린이보호구역인데도 불구하고 제한 속도가 시속 50km인 곳이 있을 뿐 아니라 단속 카메라에는 시속 61km 이상 달려야 적발되어 제한 속도가 일반 도로와 별 차이가 없다 보니, 매일 이곳을 지나는 주민들까지 늘 불안하게 하는 스쿨존이 버젓이 존재하고 있습니다.

스쿨존은 어린이 교통사고를 예방하기 위해 초등학교나 유치원 통학로에 교통안전시설물과 도로 부속물을 설치하며 보호구역 지정 대상 시설의 주 출입문을 기준으로 반경 300m 이내 도로 중 일정 구간으로 정합니다. 필요한 경우 500m 이내까지도 지정할 수 있고 스쿨존으로 지정된 도로에는 노상주차장을 설치할 수 없고 차량들은 운행 속도를 시속 30km 이내로 제한하며 어떤 지자체는 20km까지 운영할 정도로 아이의 안전을 위한 최소한의 장치라 할 수 있습니다.

그럼에도 불구하고 운행 속도 30km 정해 놓은 곳도 제대로 지켜지지 않아 전체 교통사고 감소 추세에도 어린이 교통사고가 늘어나고 있는 현상을 막기 위해 어린이보호구역에 대한 전면적인 인식개선과 조속한 행정적 실행이 무엇보다 중요합니다.

예산 상황에 따라 천차만별인 안전시설에 대한 보편적 확충이 매우 절실합니다. 초등학교를 둘러싼 도로 위 모든 신호등 기둥을 노란색으로 입히고 학교 주변으로 건널목마다 옐로카펫을 깔아 이 일대를 들어서면 한눈에 어린이보호구역임을 명시하는 등 관내 모든 초등학교 주변의 안전시설을 대대적으로 정비한 곳도 있지만 같은 울산이라도 상황이 다른 곳도 있습니다.

여전히 불법주정차 차량이 넘쳐나고 통학로 상에 거주자 우선 주차구역도 지정되어 있습니다. 안전시설물은 턱없이 부족 하지만 예산이 없어 사고 위험이 높은 스쿨존 몇 곳을 시범 사업식으로 개선하는 데 그칩니다. 과속단속카메라의 경우 울산시는 전체 어린이 보호구역 중 7% 설치에 불과해 2022년까지 100% 설치하겠다는 계획이지만 서울시의 경우는 이보다 앞선 내년까지 100% 설치키로 하였습니다. 지자체 예산 상황에 따라 아이들의 안전시설에도 양극화를 보이고 있는 것입니다. 아이들이 언제 어디에 있든 스쿨존에서 만큼은 안전을 제대로 보장받을 수 있도록 보편적 시설 개선을 위한 예산 편성이 절실합니다.

물론 울산시에서도 안전시설 개선과 위해요소 사전 차단을 위한 노력으로 불법주정차 단속 및 계도, 어린이 교통안전교육 강화 대시민 인식 제고 차원으로 교통안전교육이나 TVN 교통방송 캠페인 등을 실시하고 있다고 알고 있습니다. 하지만, 지금까지의 방법과 노력으로는 어린이보호구역 내 우리 아이들의 교통안전을 온전히 책임질 수 없어 보입니다.

이에 스쿨존 보강으로 우리 아이들의 안전한 통학로 확보를 위한 제언을 드립니다.

첫째, 어린이보호구역 과속방지장치를 조속히 100% 설치완료해 주십시오. 지자체 간 격차 해소도 줄이고 고질적 안전 무시 관행 근절도 함께 이루어지길 바랍니다. 이런 부분은 시범 실시 후 사업 효과 평가 후 전체 확대할 내용을 벗어나 원래부터 당연히 해야 할 기본이라고 생각합니다.

둘째, 초등학교 담장, 화단 등을 학교 안쪽으로 이전하여 안전한 통학로를 확보하는 학교 부지 통학로 조성 사업을 최대한 확대해 주십시오. 학교 주변을 보면 아이들의 등굣길이 없습니다. 차가 많아지면서 골목길이 차도가 된 지 오래지만 정말 인도를 찾아보기 힘듭니다. 학교 주변은 말할 것도 없습니다.

셋째, 어린이보호구역 지정 및 개선 사업에 좀 더 적극적으로 임해 주시길 바랍니다. 유치원이나 초등학교는 대부분이 지정되어 있으나 어린이집은 아직 58개소만 지정되어 있습니다. 보호구역 내 보행로와 차도의 분리, 방호울타리, 교통안전시설 설치 등으로 교통약자 (어린이, 노인, 장애인) 모두가 교통사고 위험으로부터 보호받을 수 있도록 안전한 교통환경 조성에 좀 더 앞장서주십시오.

아이들의 미래가 우리의 미래이자 대한민국의 미래입니다. 우리 아이들을 위험으로부터 안전하게 예방할 수 있는 환경을 조속히 조성하는 것은 출산장려정책만큼이나 중차대한 일이라 생각합니다. 울산광역시와 교육청의 적극 행정 능력을 믿으며 이상 5분 발언을 마치겠습니다. 끝까지 경청해 주셔서 감사합니다. 고맙습니다.

삼호동 도시재생뉴딜사업과 교통문제 해결방안

2020. 8. 28.(수), 10:00
제216회 정례회 제1차 본회의 5분 자유발언

존경하는 울산시민 여러분, 그리고 박병석 의장님과 선배 동료의원 여러분 반갑습니다. 코로나 극복을 위해 밤낮으로 뛰시는 송철호 시장님과 노옥희 교육감님 관계 공무원 여러분, 노고에도 깊이 감사드립니다. 이미영 의원입니다.

오늘 본의원은 삼호동 도시재생뉴딜사업과 교통 불편 해소방안에 대해 발언하고자 합니다.

문재인 정부의 도시재생뉴딜사업은 기존 모습을 유지하며 오래된 주거지와 쇠퇴한 구도심을 지역 주도로 활성화해 도시 경쟁력을 높이고 일자리를 만드는 지속 가능한 국가적 도시혁신 국책사업입니다.

삼호동은 고속도로 및 국도 24호선이 통하는 울산의 관문이자 태

화강과 삼호산으로 둘러싸인 전형적인 주거지역이며 생태하천 무거천과 벚꽃이 어우러진 울산의 대표 생태 도시입니다. 그러나, 열악한 주거환경으로 생활여건개선, 삼호대숲 철새도래지 지역 특성을 반영 스마트시티와 연계한 도시 재생을 목적으로 2017년 시범 사업지로 선정되어 '삼호 둥우리, 사람과 철새를 품다'라는 주제로 2018년부터 2021년까지 사업을 진행하고 있습니다.

그 과정에서 도시재생뉴딜과는 상관없이 정광사 인근 주차난 해소를 위해 시비 35억 구비 40억을 확보하여 2018년 12월 준공으로 예정되었던 주차장 부지가 갑작스레 도시재생뉴딜사업지에 포함되어 준공이 2년 이상 늦어지는 상황 등을 두고 주민이 불편해하는 부분도 많았지만 도시재생뉴딜사업에 대한 주민들의 호감과 관심은 매우 높습니다.

모든 사업이 세금으로 진행되는 부분이라 예산의 효율적 집행 차원에서 한가지 첨언을 한다면 일반공영주차장 설치를 목적으로 시비가 35억 편성되었으나 뉴딜 사업지에 포함되면서 뉴딜 사업 예산으로 현재 주차장은 공사 중입니다. 주민들의 주차장확보를 위해 편성한 당초 예산이 목적대로 사용되지 않는 부분과 시와 각 구, 군 매칭 예산이 다르게 쓰여도 관리가 제대로 되고 있는지 의문입니다.

주차장 면수도 처음 계획에는 98면이었으나 이제는 79면이라고 합니다. 검토를 해보니 주차면적변경과 1층에 자리할 스타트업 공간 등에 따른 변화가 있었습니다. 사업변경 및 전반적인 진행 상황을 해당 지역주민들과 사전에 수시 공유하고 소통하는 부분이 도시재생뉴딜사업의 핵심이라고 생각합니다.

현재도 안전한 와와로, 청년창업 교육 및 지원, 철새 이야기꾼 양성, 와와 에코 자전거 대여소 등 20개가 넘는 사업이 진행 중입니다. 전문가와 관 중심으로 진행되는 도시재생뉴딜사업의 기초부터 주민참여가 없이는 사업이 될까 싶을 정도로 함께해야 하는 구조이나 울산의 도시재생뉴딜사업은 시구 공무원, 전문가, 시민이 모두 따로인 것 같습니다. 법적 근거로 구성된 지역주민협의체마저도 오로지 민원의 대상으로 여겨지고 있는 게 현실입니다.

도시재생뉴딜사업의 모범적인 사례라 하는 순천, 세종 등의 지역을 방문하니 공통점이 바로 해당 지역주민의 적극적 참여가 아주 활발하다는 것입니다. 내가 사는 지역에 골목 환경을 개선하는 목적과 취지를 제대로 이해하고 적은 예산이라도 정원 조성에 참여하여 의견을 나누고 조성이 끝난 뒤에도 지역주민들이 우리 동네를 스스로 가꾸며 관리까지 하는 것은 많은 시간과 공간을 함께한 결과물이었습니다.

순천의 경우 실제 사업 기간은 4년이었고 준비 기간은 더 길었으며 담당 공무원의 경우 업무 특수성을 인정하여 인사이동을 하지 않고 6년째 그 직을 맡아 전문성을 발휘하고 있었습니다. 사업지 내 어디에서라도 지역주민 대상 길거리 도시재생사업 설명회를 수시로 개최하며 지역주민 공동체를 이끌어 그 결과 도시재생뉴딜사업 전국 최고로 평가받고 있습니다.

울산시는 삼호동을 비롯해 현재 진행하고 있는 사업지 외에 2025년까지 각 구·군에서 도시재생뉴딜사업을 공모할 수 있도록 도시 재생 활성화 지역을 지정하고 있으며 예산도 국비를 제외한 나머지 시와 구의 비율이 5:5에서 울주를 제외하고 7:3으로 변경되었습니다. 구. 군의 형편에 따라 사업 공모는 하겠지만 시의 역할이 그만큼 중요해졌다는 것을 알 수 있습니다.

삼호동은 현재 진행 중인 사업지 바로 옆 골목을 기점으로 두 곳이 도시 재생 활성화 지역에 지정되어 있습니다. 이 지역주민들은 한시라도 빨리 뉴딜사업이 시작되길 바라고 있습니다. 울산시는 노후화된 도시 재생을 위해 각 구. 군에 공모를 독려하고 도시 재생 활성화 대상 지역으로 지정된 곳은 공모 전부터 도시재생뉴딜사업에 대해 지역주민과 소통하며 역량을 강화하여 사업 초기부터 주민참여를 높여야 합니다.

주민 생활 편의를 위해 열악한 주거환경 및 생활여건 개선으로 시

　　　　　　　　누구를 위해 투표할 것인가

작한 도시재생뉴딜사업만큼이나 고질적 교통불편을 해소하기 위한 지선버스 도입은 사람과 철새와 자연이 공생하는 모두의 안식처 삼호동에 절실합니다.

지역 재생만 할 것이 아니라 교통문제도 함께 해결하여 동네가 실질적 활력을 되찾길 기대합니다. 이상 5분 발언을 마치도록 하겠습니다. 고맙습니다.

울산소방학교 신설과 소방공무원의
효율적 근무환경 조성의 필요성

2021. 1. 21.(목), 10:00
제219회 임시회 제1차 본회의 5분 자유발언

사랑하는 울산시민 여러분, 그리고 박병석 의장님과 선배 동료의원 여러분 반갑습니다. 울산의 무궁한 발전을 위해 뛰시는 송철호 시장님과 노옥희 교육감님 관계 공무원 여러분, 노고에 깊이 감사드립니다. 행정자치위원회 이미영 의원입니다.

코로나로 침체 위기에만 있을 법도 한데 새해 활기찬 소식이 들려옵니다. 코로나19로 어려움을 겪는 소상공인을 돕기 위해 '울산을 사야, 울산이 산다' 캠페인이 활발하게 추진되고 있는 부분입니다.
지역경제를 살리는데 많은 시민이 함께 마음을 모았으면 합니다.

오늘 저는 소방서 현장방문 및 소통에서 느낀 울산소방학교 신설과 울산안전을 선도하고 있는 소방공무원의 효율적 근무환경 조성의 필요성에 대해 말씀드리고자 합니다.

'2020년 소방활동 통계자료'를 보면 소방관들은 지난 한 해 하루 평균 164건이 넘어가는 총 6만 3,374건의 재난 현장에 출동하여 5만 9,999건을 처리하였습니다. 유형별로 보면 화재 910건, 구조 1만 6,882건, 구급 4만 2,207건이었습니다. 코로나로 야외 생활이 제한됨에도 불구하고 화재와 구조 분야는 전년에 비해 출동 빈도가 증가했으며 이는 곧 소방청으로 승급은 되었지만 아직 소방 관련 인력이나 장비 등의 개선이 필요하다는 결론으로 귀결됩니다. 특히 우리 울산은 전국의 40% 이상의 화학물동량을 다루는 국가산단과 원자력 발전소를 보유하고 있는 만큼 타 도시보다 몇 배는 더 재난에 대비해도 과하다 할 수 없습니다.

상황이 이렇기에 공단 내 특별화재경계지구를 지정하여 특별조사팀에서 연 1회 이상 점검을 하고 있지만 인원이 턱없이 부족합니다.

목숨 걸고 하는 일 중 하나가 소방업무입니다. 인원이 부족하게 되면 구조, 구급, 화재진압, 현장민원활동 등의 업무분담이 제대로 이뤄지지 않아 많은 어려움을 겪게 됩니다. 소방공무원들은 화재 등의 실제 상황과는 관계없이 마치 군대처럼 도상훈련, 위험훈련 등 끊임없이 훈련을 해야 하는 특수성이 있지만 과도한 업무로 제대로 진행하기 어려운 상황도 생깁니다. 하지만, 시민뿐 아니라 소방공무원 자신들의 안전과 직결되기에 그 어떠한 상황에서도 훈련과 교육은 소홀히 할 수가 없습니다.

이에 울산에도 소방학교 설립을 제안합니다. 현재 7개 광역시 중 서울, 부산, 인천, 광주 4곳에 소방학교가 설립되어 화재대응, 인명구조, 수난구조, 특수대응, 구급대응, 예방안전, 화재조사, 상황관리, 소방장비, 소방행정, 현장지휘 등에 관한 교육과 훈련 등을 체계적으로 운영하고 있으며 울산은 내용에 따라 부산의 소방학교에 주로 참여하고 있습니다. 하지만 전국에서 위험요소가 많은 순위로 손에 꼽을 수 있는 우리 울산 자체적으로 첨단 정보통신기술인 ICT를 소방에 접목, 활용한 교육과 실제 상황에 맞춘 시뮬레이션 전문훈련 등 울산의 현실에 맞게 교육과 훈련을 받고 소방활동을 할 수 있는 환경을 조성해야 합니다.

소방공무원의 PTSD(외상후 스트레스)가 부각된 지 약 10년쯤 지났지만 대책이 체계적으로 마련되기 시작한 것은 불과 2~3년밖에 되지 않습니다. 각종 신체적 사고의 위협에 시달리는 소방관들의 37.9%가 언어적 폭력을 경험하고 있으며, 특히 구급 구조 요원들의 경우 81.2%가 감정노동을 경험하고 있는 상황입니다. 온갖 사고현장에서 비참한 상황을 접하고 견디기 힘든 순간들을 경험하며 젊은 시절에는 체력으로 견뎠지만 20년이 다 된 지금 당시의 상황이 자꾸 떠 올라 힘들다는 한 소방공무원의 말에서 치유되지 않은 PTSD는 오랜 기간이 지나도 증세가 나타날 수 있다는 것을 보여주고 있습니다.

지금도 외상후 스트레스 치유를 위해 심신안정실 등을 운영하며 노력하고 있지만 실질적이고 치유될 수 있는 방법에 대한 심도 있는 계획과 지원이 필요합니다. 동료를 못 지켰다는 고통으로 PTSD를 겪다 세상을 등진 소방관의 아픈 사연이 바로 울산에서 일어난 일입니다. 기간 제한을 두지 않고 본인이 겪었던 상황별 외상후 스트레스에 맞는 다양한 치유방법을 개발해야 합니다.

얼마 전 아르누보 화재의 여러 가지 악조건에서도 목숨을 걸고 인명피해 없이 탁월한 화재진압과 대처 능력을 발휘하여 최일선에서 시민의 생명보호를 책임지는 우리 울산의 소방 가족들에게 한 번 더 고마움을 전합니다. 영웅분들이 우리를 돕듯 우리도 영웅분들을 도와줘야 합니다. 이상 5분 발언을 마치겠습니다.

끝까지 경청해 주서서 감사합니다. 고맙습니다.

여성가족재단 및 여성가족플라자 필요성

2021. 2. 18.(목), 10:00
제219회 임시회 제1차 본회의 5분 자유발언

사랑하는 울산시민 여러분, 그리고 박병석 의장님과 선배 동료의원 여러분 반갑습니다. 울산의 무궁한 발전을 위해 뛰시는 송철호 시장님과 노옥희 교육감님 관계 공무원 여러분, 노고에 깊이 감사드립니다. 행정자치위원회와 예결산위원회에서 울산시민을 대변하고 있는 이미영 의원입니다.

올해로 발견 50주년을 맞는 '반구대 암각화'가 유네스코 세계유산 우선 등재 추진대상에 선정됨을 진심으로 축하드립니다.

오늘 저는 지난 1월에 발표된 국내 인구 이동통계 및 지역 성평등 지수 등을 바탕으로 울산광역시 여성가족정책의 헤드 울산여성가족 재단 및 여성가족플라자 설립의 필요성에 대해 말씀드리고자 합니다.

누구를 위해 투표할 것인가

지난 1월 통계청이 발표한 '2020년 연간 국내 인구이동 통계 결과'에 따르면 지난해 울산의 전입자는 13만 6,112명, 전출자는 14만 9,696명으로 총 1만 3,584명의 인구가 순유출되었습니다. 연령별 순이동 현황을 살펴보면 20대 인구의 유출이 두드러지고 있고 특히 20대 여성인구의 유출은 간과할 수 없는 부분입니다.

　또한 여성가족부가 발표한 '2020년 지역 성평등보고서'에 따르면 울산지역은 성평등 수준 중하위지역으로 2014년부터 2016년까지 하위권으로 구분되었다가 2017년 중하위권으로 상승한 후 2019년까지 유지하고 있습니다. 울산광역시는 2014년과 비교하여 가장 많이 개선된 지역으로 평가받고 있지만 경제활동 분야는 2014년 이후 꾸준히 최하위로 평가되는 분야입니다. 특히 여성의 경제활동참가율은 2014년부터 현재까지 최하위를 면하지 못하고 있으며 이는 구조적으로 영향을 미치는 복지, 보건 분야의 성평등 수준과도 연동되어 있습니다. 지역 성평등 지수는 단순히 남녀 차별 문제만을 이야기하고 있는 것이 아닙니다. 국가의 여성가족정책이 보호되어야 하는 사회적 약자 중심의 정책에서 벗어나 지역 여성 및 가족의 삶의 질을 높이기 위한 것으로 패러다임이 바뀐 것을 반영한 자료로 시민들의 삶의 모습을 살펴볼 수 있는 근거가 되고 있습니다.

　과거에는 일자리 문제가 시민들의 삶에 결정적 영향을 미쳤다면 이제는 일자리뿐만 아니라 다양화된 가족들의 욕구를 정책과 제도에

담아내고 아이를 잘 키울 수 있도록 돌봄의 공공성을 확대해 나가며 아동학대, 성폭력, 디지털 성범죄와 같은 젠더 폭력으로부터 울산시민들이 안전하게 살아갈 수 있도록 시민들의 삶의 질을 높여가는 것이 중요합니다. 이것은 울산시에 머물러 살게 하는 정주 여건을 만들어가는 것이기도 합니다. 따라서 이제는 울산광역시의 여성, 가족정책 전반을 진단해보고 새로운 청사진을 그려 나가야 할 때라고 생각합니다.

이에 울산광역시 여성가족재단 설립을 제안드립니다. 울산여성가족개발원이 여성 및 가족정책을 연구하고 교육 및 사업을 수행하고 있지만 여성가족정책 종합기관으로서 보다 확대되어야 할 것입니다. 울산의 여성가족정책 연구개발을 중심으로 시민들에게 정보를 제공하는 허브 및 네트워크 구축을 위한 기능의 확대 그리고 교육 및 사업 프로그램의 전문화된 분화가 필요합니다. 또한 여성과 가족을 위한 다양한 서비스를 제공하는 기관들이 각자의 자리에서 많은 성과를 내고 있지만 각각의 기관들을 효율적으로 연계하고, 충분한 정보 교류를 통해 기관들의 역량이 강화될 수 있도록 지원해 줄 수 있는 헤드쿼터의 역할도 필요합니다. 유관기관, 단체의 집적을 통한 종합적 서비스가 제공된다면 시너지 효과를 창출할 수 있게 될 것입니다.

더불어 울산 여성가족플라자 건립도 함께 제안드립니다. 현장에서 시민들과 소통해보면 여성가족 관련 종합적 서비스 제공을 위한 거점 공간 및 복합공간 마련에 대한 요구가 지속되고 있습니다. 여성. 가족, 청소년을 위한 다양한 서비스 및 정보 제공하고 그들이 직접 참여하고 체험할 수 있는 공간, 지역의 NGO 및 풀뿌리 조직들이 활동하고 인큐베이팅할 수 있는 공간, 지역 여성 인재 양성 및 취창업 지원하는 공간 등에 대한 요구가 높습니다. 하지만 거점 공간 미비와 관련 기관 및 시설의 분산으로 이에 대한 적극적인 대응이 어려운 현실입니다.

울산여성가족플라자가 건립된다면 지역의 여성 및 가족에 관한 종합적인 서비스를 제공하고 시민을 연결하는 참여와 소통의 공간이 될 수 있을 것입니다.

지금까지 울산광역시는 신산업 육성으로 미래 먹거리 발굴에 힘써 왔습니다. 이를 위한 시장님과 관계 공무원들의 노고에 깊이 감사드립니다. 이제는 젊은 세대가 다시 울산으로 돌아와야 할 시점입니다. 일자리는 가족을 떠나오게 하지만 여성과 가족이 살기 좋은 도시는 가족과 함께 돌아오게 합니다.

젊은 세대가 떠난 도시에는 미래가 보장될 수 없습니다. 이상 5분 발언을 마치겠습니다. 끝까지 경청해 주서서 감사합니다. 고맙습니다.

울산시의 방사능 방재 강화를 촉구하며

2021. 5. 6.(목), 10:00
제219회 임시회 제1차 본회의 5분 자유발언

사랑하는 울산시민 여러분, 그리고 박병석 의장님과 선배 동료의원 여러분 반갑습니다. 울산의 무궁한 발전을 위해 뛰시는 송철호 시장님과 노옥희 교육감님 관계 공무원 여러분, 노고에 깊이 감사드립니다. 행정자치위원회 이미영 의원입니다.

일본이 후쿠시마 원전 방사능 오염수를 바다에 방류하겠다는 발표로 세계 시민들의 불안이 커지고 있습니다. 우리나라 특히 최대의 공업 도시인 울산도 바다의 의존도가 높은 만큼 일본의 이런 책임 없는 행위에 대해 규탄합니다.

오늘 저는 우리 울산의 방사능 안전에 발언하고자 합니다. 민선 6기였던 2017년 울산녹색소비자연대가 20대 이상 시민을 대상으로 설문 조사한 '안전 인식' 발표를 보면 도시 전반적인 안전에 대해서

42.5%(171명)가 불안하다고 답했으며 안전하다는 응답은 15.9%(50명)에 불과했습니다.

이번 민선 7기 통계개발원의'2020국민 삶의 질 보고서'에서는 울산이 안전다하는 응답이 37.7%를 기록하며 전국 평균을 크게 상회했고, 전국 17개 시·도 중 세종(42.9%), 대전(38.3%)에 이어 3위를 차치했습니다.

두 개의 발표를 비교하면 울산시민이 울산이 안전도시라고 생각하는 비율이 점점 높아지고 실제로도 사람이 먼저인 정부의 기조에 맞춰 시민 여러분들과 함께 안전을 위해 다시 뛰는 시장님을 비롯한 관계자 여러분들의 노력이 결실을 거두고 있어 정말 다행이라 생각합니다.

그럼에도 저는 처음에 언급했던 울산시민들, 나아가 우리 국민들, 더 나아가 전 세계인이 불안하다고 느끼고 있는 방사능 방재에 대해 좀 더 심도 있는 해결책을 마련하고 강화를 촉구하며 몇 가지 제언을 하오니 송철호 시장님께서는 울산시민의 안전을 생각하며 꼭 실현해 주시길 간곡히 당부드립니다.

첫째, 시민안전실 원자력산업과 방사능 방재 업무는 원자력발전소가 계속 가동되는 한 업무가 계속 유지되어야 하기 때문에 외부 원자력전공자, 경력자를 고용의 불안전과 연속적인 업무 단절 등을 초래할 수 있는 임기제 공무원이 아닌 전문경력관의 형태로 고용해 주시길 바랍니다

둘째, 우리 울산은 방사선 비상계획구역 안에 총12기의 원전이 가동 중입니다. 이는 부산이나 경주 월성보다 많은 수치입니다. 가까운 부산에서는 이미 조직을 개편하여 원자력 안전 관련인이 총 17명인 데 반해 우리 울산시는 명칭만 원자력산업과로 실제로는 국가산단을 관리하는 산업 안전 담당 6명, 원자력 안전을 담당하는 4명이 12기의 원전 안전을 관리하고 있습니다.

인적, 물적 자원이 매우 부족한 이런 상황에서 방사능 재난과 같은 대규모 재난 대응을 하거나 예방하기 위한 다양한 노력과 연구를 수행하기 위해 관련 부서를 '과'로 승격해 인력과 예산을 증원할 필요가 있습니다.

셋째, 2015년 방사선 비상계획 구역을 30km로 확정하고 6년이 지났습니다. 방사선 비상사태 시 사용할 구호소의 단순 위치와 개수보다는 실제 상황이 벌어졌을 때 시설 운영 계획에 많은 중점을 두어야 합니다. 최근 발생한 포항 지진에서 구호소 운영 때 예상치 못한 여러 가지 문제들이 발생하였으며 이를 학습하여 더 발전시켜 더욱 안전하고 구체적인 운영 계획을 세워야 합니다.

넷째, 실제 사태 발생 시 주민들에게 즉각적인 방호 물품을 배포할 수 있는 세밀하고 실효성 있는 계획을 세워야 합니다. 비상시 우리 주민들에게 어떻게 안전하고 신속하게 방호 물품을 배부하고 필요하다면 약품 복용도 권고할 것인지가 관건인 문제이지 고급 장비 추가, 방호 물품의 분산 보관 관리, 유효기간 경과에 따른 교체는 마땅하고 당연히 해야 할 일입니다.

마지막으로, 방사능 방재교육의 기회를 울산시에 거주하고 있는 전 시민을 대상으로 넓혀야 합니다. 울산 전역이 방사선 비상계획 구역 안에 있는 이상 모든 시민이 교육대상입니다. 울주 서생 등 소수의 특정 지역과 마을 이장, 통장, 반장, 교육공무원 등 특정 계층을 대상으로 한 방사능 방재교육은 실상황 발생 시 크게 도움이 되지 못합니다. 처음은 예비군과 협의하여 교육과정에 편성하는 것부터 시작한다면 거부감이 덜 할 겁니다.

지난 2월 또다시 일본 후쿠시마에 7.3 강진이 일어났습니다. 다행히 현재까지 별다른 이상은 없는 것으로 전해지고 있으나 울산으로서는 남의 나라 일이라고 해서 그저 바라볼 수만은 없습니다. 지질학자들이 지진 가능성이 있는 지층이라고 진단한 양산단층이 우리 울산지역을 관통하고 있기 때문입니다.

전 세계를 팬데믹으로 빠뜨린 코로나 재난을 우리는 전혀 상상하지 못했습니다. 혹시라도 더 큰 재난이 될 수 있는 우리나라 원전재난에 우리 울산시민의 안전, 나아가 우리 대한민국의 안전, 더 나아가 세계의 안전을 위해 시민 여러분들과 함께 뛰고 또다시 뛰어야 합니다. 끝까지 경청해 주서서 고맙습니다.

누구를 위해 투표할 것인가

시민체감형 신재생에너지(태양광)
예산 편성을 촉구하며

2021. 6. 24.(목), 10:00
제222회 정례회 제2차 본회의 5분 자유발언

사랑하는 울산시민 여러분, 그리고 박병석 의장님과 선배 동료의원 여러분 반갑습니다. 울산의 무궁한 발전을 위해 뛰시는 송철호 시장님과 노옥희 교육감님 관계 공무원 여러분, 노고에 깊이 감사드립니다. 행정자치위원회 이미영 의원입니다.

시장님을 구심점으로 방역지침을 준수해 주시는 우리 울산시민 여러분과 관계 의료진분들 모두가 한마음으로 코로나 확산을 대처하며 느린 팬데믹을 목표로 숨 가쁘게 달려오는 동안 인류 과학의 결정체인 백신이 완성되고 또 접종도 점차 늘어나며 정말 고생 끝에 낙이 오는 것 같아 기쁩니다. 우리 모두가 마스크를 벗고 다닐 때까지 조금만 더 힘을 내셨으면 좋겠습니다.

요즘 다들 신문이나 방송, 인터넷 등지에서 지구 기온 상승에 대한 심각한 경고를 보실 수 있습니다. 만약 지구의 평균온도가 산업혁명 때를 기준으로 2도 올라가면 부산과 울산의 대부분은 물에 잠긴다는 연구 결과부터 현재보다 0.3도만 더 올라가면 되돌릴 수 없는 대멸종 시기가 온다는 충격적인 결과까지 발표되고 있습니다. 환경에 대한 관심이 어느 시대보다 집중되고 또 강요되고 있습니다. 저탄소, 친환경, 녹색성장 등의 단어는 우리에게 이미 친숙함을 떠나 생존을 위해 반드시 알아야만 하는 문제에 접어들었습니다.

우리나라도 우리의 생존과 그로 인해 다가올 전 지구적 거대한 시장을 위해 다른 국가들과 기후협약을 맺고 저탄소 녹색성장을 목표로 수소에너지 실용화 사업, 친환경 발전과 배터리 사업 등 많은 노력을 하고 있습니다. 물론 과학과 공업의 도시인 우리 울산시도 발걸음이 빨라지고 있습니다. 2050년까지 탄소중립 달성을 목표로 올해를 탄소중립 원년으로 선언하고 부유식 해상풍력발전단지 조성과 수소산업 활성화 등 신재생에너지 분야를 우리 울산시의 역점 사업으로 추진하고 있습니다.

저는 오늘 위 기조에 맞춰 우리 울산의 신재생에너지 주택 태양광 보급에 좀 더 시민 체감형 예산 편성이 필요하다는 이야기를 하고자 합니다.

매년 산업통상자원부에서는 주택용 태양광 사업을 지원하기 위해 해마다 예산을 늘려가고 있습니다. 특히, 2020년에는 올해 2월까지 사업을 연장하여 760억의 예산을 투입하였습니다. 우리 울산도 각 가정에 태양광 발전 시설 설치 시 국비가 지원이 되는 그린홈주택지원사업을 국비 50%, 시비 20%, 자부담 30%로 매년 진행하고 있습니다.

하지만, 올해 시에서 편성한 예산은 크게 늘어난 신재생에너지 국가 예산과 맞지 않아 약 200여 가구가 넘는 시민들이 시의 지원을 받지 못한 채 사업을 해야 할 처지이고 부담금이 커서 실제 포기하는 사례도 나오고 있습니다.

2020년 국비연장사업에 2021년 시비 예산을 집행하였다면, 2021년 새로이 시행되는 국비 650억 지원 사업에 맞추어 추경을 해서라도 우리 시민들이 시비 지원을 받을 수 있도록 예산 편성을 해야 합니다. 물론 시에서는 많은 사업들이 있기에 예산이 늘 녹록치 않은 부분도 있습니다. 하지만, 국비와 시비가 지원되어 우리 시민들에게 직접적 혜택이 돌아가는 사업들은 더 세심하게 끝까지 챙겨야 한다고 봅니다.

그린홈주택지원사업에 지원가구수가 80가구나 되는 구·군에 4가구 지원만 가능하니 선착순으로 정하라는 공문은 정말 탁상행정이 아닐 수 없습니다. 적어도 한국에너지공단 관리시스템에 맞추어 등

록된 순서대로 진행되도록 조치하는 것이 일차적으로 필요하며 제일
좋은 것은 국비지원대상가구에는 시비를 지원하도록 조치하는 것이
시민이 체감할 수 있는 주택 태양광 보급추진 방안입니다.

아직 늦지 않았습니다. 하반기 추경에 국비 지원을 받을 수 있는
가구를 제대로 파악하여 예산 편성을 해서 신재생에너지 보급 확대
추진 계획을 제대로 실행해야 합니다.

이는 곧 우리 울산의 재생에너지 보급 확대 정책 기조를 준수하며
미래로 도약할 수 있는 디딤돌이 될 것이자 우리 주민들을 위한 일이
며 나아가서 우리의 미래와 세계의 미래를 위한 일입니다. 이상 5분
발언을 마치겠습니다. 끝까지 경청해 주셔서 감사합니다. 고맙습니다.

중대재해처벌법 시행에 앞서 국가산단을 가진
울산은 더 준비해야 한다

2021. 11. 1.(월), 10:00
제226회 정기회 제1차 본회의 5분 자유발언

　　존경하는 울산시민 여러분, 그리고 박병석 의장님과 선배 동료의원 여러분 반갑습니다. 행정자치위원회 이미영 의원입니다.

　　'코로나19 일상회복 추진단'을 구성하여 시민들의 소중한 일상을 되돌려 드리고 지역경제에 활력을 불어넣을 수 있는 일상회복 대책 마련에 최선을 다하는 송철호 시장님과 노옥희 교육감님 그리고 울산시 공무원분들께 깊은 감사를 드립니다. 또 시민 여러분들의 적극적인 동참과 협조 덕분으로 울산이 전국에서 코로나 발생 최저라는 소식은 정말 희소식이 아닐 수 없습니다. 다시 한번 감사의 말씀 드립니다.

　　오늘 저는 약 3개월 뒤 시행되는 「중대재해처벌법」에 대한 울산광역시의 준비상황과 대처 방안에 대한 자유발언을 하고자 합니다.

우리는 1970년 와우아파트 붕괴, 1995년 삼풍백화점 붕괴, 2011년 가습기 살균제 사건, 2014년 세월호 참사, 2018년 태안 화력발전소 사망 사건, 2020년 이천 물류센터 화재사고 등 여러 사회적 참사와 반복되는 산업재해를 계기로 기업들의 경각심을 더욱 높이고 재해를 줄이자는 취지에 올해 1월 중대재해처벌 등에 관한 법률을 제정해 내년 1월 27일 본격적인 시행을 앞두고 있습니다. 중대재해처벌법은 기존에 시행하고 있던 산업안전보건법보다 기업 경영자와 지자체장 등 공공기관의 장에 대한 처벌 수준을 대폭 강화한 것이 주 내용입니다.

서울시는 「중대재해처벌법」 시행을 앞두고 노동민생정책관 노동정책담당관 노동안전팀 안전 총괄실 안전총괄과 안전정책팀에서 적극적으로 대응책 마련을 위해 이미 움직이고 있습니다.

지방공기업 대응계획 제출 및 「지방공공기관 안전관리 가이드라인」 추가 의견 협조 요청' 등의 공문으로 정부와 지방자치단체, 지방자치단체와 산하 공기업 및 출연기관간의 책임 소재의 명확화를 위해 근거를 남기고 있으며 상수도사업소의 경우 공사(토목, 전기, 기계), 제3자(도급, 위탁, 용역), 인력과 예산 분야 총인원 21명(안전조사과 등)이 투입되는 TF팀을 구성하여 중대재해처벌법 분석부터 빠른 의사결정 지원을 통한 실행력 강화를 위해 노력하고 있음을 본 의원이 직접 질의로 확인하였습니다.

우리 울산 시의회도 「울산광역시 산업재해 예방 및 노동안전보건

누구를 위해 투표할 것인가

지원 조례안」을 2020년 11월 10일 제정하는 등 발 빠른 준비를 하고 있지만 국가산업단지와 대기업, 중소기업이 많은 울산의 현실을 고려할 때 아직 부족하다는 평가가 있습니다. 산업재해 예방에 많은 투자를 하고 있다고 알려진 한 대기업에서만 2019년 9월부터 지난해 5월까지 사망사고가 5건이나 발생하여 고용노동부가 정기·특별 안전점검을 실시한 결과 지적사항이 635건이 나올 정도니 다른 기업들도 점검한다면 상황이 크게 다르지 않을 것입니다.

또한 2020년 초 울산고용노동지청이 발표한 자료에 따르면 2019년 전국의 산업재해 사고사망자 수는 855명으로 2018년에 971명에 비해 2019년 116명이 감소했으나 울산의 사망자 수는 2018년 22명에서 2019년 25명으로 오히려 늘어났습니다. 특히 우리 울산의 사망자 수는 7대 특·광역시 중 서울, 부산 인천 다음으로 많아 경각심을 일깨워줍니다. 게다가 최근 상공회의소, 관련 기업협의회 등의 자료를 보면 약 80% 이상의 기업이 「중대재해처벌법」에 대한 우려만을 나타내고 소극적 대처마저 힘든 것으로 확인됩니다.

이를 해결하기 위해 제일 먼저 구체적이고 실질적인 계획수립과 지원 방법을 마련하는 적극 행정이 필요합니다. 형식적인 법 안내와 점검기술 향상 안전교육만 확대 추진할 것이 아니라 법에서 요구하는 안전관리 서류에 대해 정확한 분석부터 하고 산업안전보건법과 중대재해처벌법 2개 법에서 요구하는 방대한 안전관리를 위한 철처한 계획을 수립, 이행해야 하며, 기록하고, 점검하고, 관리할 수 있는 시스템 마련이 절실합니다. 그러기 위해서 가장 중요한 것은 사람입니다. 필요하다면 관련 부처를 신설하고 전담 인력 충원과 다각도로 지원을 해야 합니다.

한 사람에게 닥치는 재해는 곧 한 가정의 재해나 마찬가지입니다. 사고가 일어난 뒤에 처벌이나 보상을 논의하는 것보다 일어나지 않게 하는 것이 제일입니다. 사람이 먼저입니다. 우리 울산시민들이 일터에서 목숨을 잃는 일은 이번 법 시행을 계기로 더 이상 나오지 않기를 바라며 이상 5분 발언을 마치겠습니다. 끝까지 경청해 주셔서 감사합니다. 고맙습니다.

2022 울산 청년 일자리 예산을 더 늘려야

2022. 2. 7.(월), 10:00
제227회 정례회 제1차 본회의 5분 자유발언

존경하는 울산시민 여러분, 그리고 박병석 의장님과 선배 동료의원 여러분 반갑습니다. 행정자치위원회 이미영 의원입니다.

코로나로 어려운 환경에서도 불철주야 변함없이 뛰고 계신 송철호 시장님과 노옥희 교육감님 그리고 관계 공무원 여러분, 노고에 고마움을 전합니다. 특히 의료진 여러분들과 힘들어도 방역수칙을 잘 지켜주시는 우리 울산시민 여러분들께 정말 진심으로 고개 숙여 감사드립니다.

저는 오늘 울산 청년 일자리 예산 증대를 제언하기 위해 이 자리에 섰습니다.

청년 문제는 실업률 상승 등으로 인해 일자리를 넘어 주거, 결혼,

출산, 문화 및 여가생활 등 청년 삶 전반의 위기로 확산되고 있고 이는 앞으로 우리의 미래동력에 심각한 문제가 될 것입니다. 특히, 최근 5년간 울산시 청년 인구는 주력산업변화의 과도기와, 대학 및 일자리 부족, 주거문제 등으로 청년 인구가 꾸준히 외부로 유출되고 있는 상황입니다. 우리 울산의 지속적인 성장과 청년이 현재와 미래의 당당한 주역이 되기 위한 투자가 절실하고 시급합니다.

울산광역시 청년정책조정위원회 심의자료를 보면 2021년 말 19세부터 39세까지의 울산청년인구는 약 21만 6천 명이며 5년간 3.4%의 청년 인구 감소율을 보이고 있습니다. 또 청년이 울산을 떠나는 사유 1순위가 직업으로 45%를 차지하고 있으며 그다음이 가족(21%), 교육(14.4%), 주택(12.7%)의 순으로 나타납니다. 탈울산의 제일 큰 부분이 일자리 문제입니다. 이 문제를 해결하고자 울산시에서도 2022 청년정책 예산을 지난해 611억여 원에서 1,200억여 원으로 두 배 가까이 증액하여 일자리, 주거, 교육, 복지와 문화, 참여, 권리의 5개 분야에서 78개 사업을 시작하였으나 실제 울산의 청년들에게 홍보가 부족한 부분이 있어 제 주변의 청년들도 처음 보고 듣는 이야기들이 많았습니다.

이 문제를 논의하기 위해 저는 지난 3일 2022 울산청년정책 간담회를 열었습니다. 울산을 이끌어갈 20대 초반에서 막 30세 된 청년까지 다양한 계층이 모여 청년들의 목소리를 담아내는 자리였습니다.

누구를 위해 투표할 것인가

간담회에 참석한 청년들의 목소리를 정리하면 이구동성으로 안정된 일자리를 원하고 있으며, 많은 청년이 처음으로 일자리를 가질 때 일반 기업은 물론 아르바이트조차도 청년들이 노동법의 숙지가 미숙한 점을 이용하는 고용주들의 노동 인권 침해와 소위 말하는 갑질 피해가 심해 사회초년생으로 좌절하는 경우가 많았습니다. 반복적이고 지속적인 갑질이 발생하는 사업장에 대해 상시 근로감독이 필요합니다.

또 공유대학을 늘려 기업과 대학, 학생들이 다양한 경험과 교육을 받을 수 있는 기회가 골고루 주어지길 원했습니다. 청년들이 원하는 현실적인 교육 프로그램도 절실하다 했습니다. 울산의 학생들이 가까운 부산 소재의 대학에도 많이 다니고 있어 지자체-대학 협력 기반 지역혁신사업 부분에서는 경남과 울산 소재의 대학만이 아닌 메가시티 구축에 맞추어 부산 소재의 대학도 포함해 플랫폼 확장을 해야 합니다.

지금부터라도 예산을 적극적으로 투입해 청년 일자리와 중소기업을 제대로 연결해 주는 시스템을 더 많이 확대하여 '울산' 하면 '일자리'의 시대로 다시 재도약을 해야 합니다. 대기업이 팔, 다리 등의 중요 인체 기관이라면 중소기업은 그 기관을 움직일 수 있게 해 주는 피를 공급하는 핏줄입니다.

중소기업이 발전해야 안정된 청년 일자리가 늘어납니다. 우리나라와 수출 품목의 비중이 상당히 비슷하다고 할 수 있는 독일을 2020년 포브스지가 조사한 기사를 보면 전체 기업 대비 중소기업의 비중은 99.3%이며 창출하는 일자리는 60.8%, 전체 부가가치의 생산 비중도 47%에 이르는 등 유명하진 않지만 탄탄한 중소기업들이 핏줄이 되어 EU 최대의 경제 대국인 독일을 지탱하고 있습니다.

반면 우리나라는 부가가치 생산 규모를 통계 수치로만 비교해보면 독일과 비슷하나 중소기업의 비율도 낮고 대부분이 대기업에 의존하는 하청 경제 구조로 발전해와 대기업 한 곳이 망하면 나라의 경제가 큰 영향을 받는 일이 일어납니다.

울산은 더 심각한 상황입니다. 이 문제를 해결하기 위한 중소기업과 연계된 청년 일자리 부분에 예산 지원이 절실합니다.

청년들이 계속 울산에 살고 싶어지는 정주 여건을 보다 신속하게 만들어야만 울산을 떠나는 청년들의 발걸음을 돌릴 수 있습니다. 이상 5분 자유발언을 마치겠습니다.

2022년 좀 더 따뜻하고 활기찬 한 해 되시고, 시민 여러분의 건강을 기원합니다. 끝까지 경청해 주서서 고맙습니다.

초등 스포츠강사의 무기직 전환 촉구

2022. 3. 24.(목), 10:00
제228회 임시회 제2차 본회의 5분 자유발언

　존경하는 울산시민 여러분, 그리고 박병석 의장님과 선배 동료의원 여러분 반갑습니다. 행정자치위원회 이미영 의원입니다.

　나라다운 나라를 만들라는 시민 여러분의 엄중한 요구로 시작된 민선 7기 울산광역시의회의 임기도 이제 얼마 남지 않았습니다. 마지막까지 시민 여러분의 기대에 어긋나지 않기 위해 내적, 외적 어려운 환경에서도 변함없이 울산시민의 안녕과 울산발전을 위해 뛰고 계신 송철호 시장님과 노옥희 교육감님 그리고 관계 공무원 여러분들, 노고에 진심으로 고마움을 전합니다. 특히 의료진 여러분들과 힘들어도 방역수칙을 잘 지켜주시는 우리 울산시민 여러분께 진심으로 고개 숙여 감사드립니다.

　저는 오늘 초등학교 스포츠강사들의 무기계약직 전환 즉 완전고용을 촉구하기 위한 5분 자유발언을 하고자 합니다.

WHO가 발표한 자료를 보면, 한국 청소년의 94.2%가 운동 부족을 겪고 있습니다. 미세먼지로 인한 체육 활동을 비롯한 야외 수업의 어려움과 근래에는 코로나19 방역 문제로 학생들의 야외에서의 신체 활동 시간이 대폭 줄어든 게 큰 원인이지만 한편으로는 학생 수 감소의 비율보다 더 많아진 교원 정원 감축으로 교사 개개인의 업무량이 늘어나면서 학생들이 양질의 체육 교육을 받기가 점점 어려워지고 있는 점도 하나의 원인이라 할 수 있습니다.

지난 2월 10일 전라남도교육청은 스포츠강사 160여 명을 스포츠지도사로 명칭을 바꾸며 무기계약직으로 전환했습니다. 전국 스포츠강사 1,800여 명이 생존권을 걸고 길고 긴 호소와 요구 끝에 전국 최초로 얻어낸 큰 성과라 할 수 있습니다.

2008년에 이명박 정부가 '청년 일자리 창출'과 '학교 체육 활성화' 사업의 목적으로 단기 보고용 성과만을 위해 졸속으로 도입한 스포츠강사 제도는 시작부터 문제가 컸습니다. 스포츠강사는 정규 교사와 협력해 학생들의 교육 일부를 책임짐에도 무기계약직 전환 대상에서 배제되며 매해 고용 불안에 떨어야 할 뿐 아니라, 다른 공무직들이 받아 온 근속 수당이나 정기상여금 등 각종 수당과 복지 혜택조차 큰 차별을 받아 자신의 사회적 신분의 불안정과 역할 혼란으로 자존감마저 상실하고 있습니다. 또 이들의 소득이 좋지 않아 결과적으로

누구를 위해 투표할 것인가

저소득층의 양산이라는 사태까지 오기에 이르렀습니다.

그래서 이번 전남교육청 소속 초등 스포츠강사들의 처우개선과 무기계약직 전환은 전국의 스포츠강사들에게 정말 환영할 만한 일입니다. 고용이 안정된 강사들은 당연하게도 우리 아이들에 대한 교육의 질 향상에 신경쓸 것이며 이는 바로 아이들에게도 도움이 되는 건 자명합니다.

물론, 현재 노옥희 교육감님은 2018년 임기 시작 후 스포츠강사들의 처우개선을 위해 어느 지자체 교육감들보다 발 빠르게 움직이고 실천해오고 있음을 잘 알고 있습니다. 특별한 사유가 없는 한 자동으로 계약이 연장될 수 있도록 조치한 일이 그 성과 중 하나입니다. 하지만 후속 제도의 보완 과정이 빠르지 못해 스포츠강사 전국 협회 회장이 있는 우리 울산에서 제도가 개선되면 전국으로 퍼지는 파급효과가 생길 정도로 타 지자체 어느 곳보다 울산의 상황을 주시하고 있던 많은 스포츠강사들과 지자체의 기대감에 미치지 못하고 있습니다.

초등 스포츠강사들은 아이들의 즐거운 체육 교육을 위해 수년 동안 노력해 온 사람들이자 경험이 풍부한 전문 인력입니다. 스포츠강사들을 좀 더 고용 안정이 되는 무기계약직 교사로 전환해야 하며 전환하는데 근거가 되는 관련 조례제정이 필요하다면 조례제정도 해야 합니다.

현재 우리는 국위 선양을 위한 엘리트 체육 위주의 기조에서 이제는 다른 선진국들처럼 생활체육으로 점차 바뀌는 과도기에 있습니다. 이 과도기를 모범적으로 지나가기 위해 지금이라도 교육감님이 결단하시어 존중받고 안정된 교육자 아래에서 그들의 지혜를 아이들이 배우며, 나아가서는 모두가 생활체육을 즐기는 건강하고 더불어 가는 사회가 되었으면 하는 바람입니다. 이상 5분 자유발언을 마치겠습니다. 끝까지 경청해 주셔서 고맙습니다.

누구를 위해 투표할 것인가